地域ガバナンスシステム・シリーズ

英国における地域戦略パートナーシップへの挑戦

龍谷大学地域人材・公共政策開発システム
オープン・リサーチ・センター（LORC）
企 画

白石 克孝
編

的場 信敬
監 訳

公人の友社

もくじ

まえがき　白石 克孝 ……………………………………… 5

第1章　マルチパートナーシップによる地域再生
　　　　　―英国における地域戦略パートナーシップへのあゆみ
　　　　　　　　　　　　　　　　　白石 克孝 ………… 8
　パートナーシップの前史―行政改革として ……………… 8
　パートナーシップの転回―非営利組織の活躍 …………… 9
　地域再生とパートナーシップのリンク
　　　　　　　―政策アプローチとして ………………… 12
　地域再生主体としてのパートナーシップ ………………… 15
　地域戦略パートナーシップ
　　　　　　　―地域民主主義の発展として ………… 18

第2章　英国における地域戦略パートナーシップの現状
　　　　　　　　　　　　　　　　マット・カーター
　　　　　　　　　　　　　　　　的場 信敬　監訳 ……… 22
　はじめに ……………………………………………………… 22
　英国のパートナーシップの歴史 …………………………… 22
　LSPの出現 …………………………………………………… 23
　LSPがもたらした変化 ……………………………………… 24
　LSPの理念 …………………………………………………… 25
　LSPの基本構造 ……………………………………………… 26
　LSPの資金 …………………………………………………… 28
　LSPに参加するメンバー …………………………………… 29
　LSPの活動スタイル ………………………………………… 31
　LSPの課題と解決に向けた試み …………………………… 33
　LSPの活動手法 ……………………………………………… 36
　地域の目標設定におけるLSPの役割 ……………………… 38
　LSPがもたらす付加価値 …………………………………… 40
　まとめ ………………………………………………………… 41

3

第3章　リバプール市における地域戦略パートナーシップの活動

ペニー・ウェイクフィールド
的場 信敬　監訳 …… 44

はじめに ………………………………………………… 44
リバプール市の概要 …………………………………… 44
リバプール市のカウンシル …………………………… 47
リバプール市のLSP―Liverpool Partnership Group（LPG）… 48
ボランタリー＆コミュニティ組織の参加と活躍 …… 49
成功の秘訣―信頼関係の構築 ………………………… 50
LSPがもたらした効果 ………………………………… 51
今後の課題 ……………………………………………… 52
今後の展開 ……………………………………………… 56
まとめ―LSPの成功のために ………………………… 57

第4章　政府が提示した地域戦略パートナーシップの指針

的場 信敬　訳 ……… 58

地域戦略パートナーシップとは？ …………………… 58
なぜより良いパートナーシップが必要なのか？ …… 59
地域戦略パートナーシップは何を行い、
　　　　　どのように機能するのか？ …… 61
地域戦略パートナーシップは
　　　　　どのように開始されるのか？ …… 63
誰が地域戦略パートナーシップに参加するべきか？ … 64
誰が地域戦略パートナーシップを指揮するのか？ …… 65
政府地方事務所との連携 ……………………………… 65
合理化の機会 …………………………………………… 65
地域戦略パートナーシップの実践のために、
　　　　　中央政府は何を行うか？ …… 66
政府地方事務所の役割は？ …………………………… 67
今後の動きは？ ………………………………………… 67
コンサルテーションへの対応 ………………………… 68

まえがき

白石　克孝

英国におけるパートナーシップ

　参加協働型地域公共政策システムをローカルガバナンスの実現へと結びつけるべく、精力的に新しい制度の導入をはかっているのが英国のイングランド政府である。とりわけイングランド政府におけるローカルコンパクト（Local Compact、地域盟約）、地域戦略パートナーシップ（Local Strategic Partnership, LSP）は、参加協働型地域公共政策システムの新たな展望を開く社会実験の側面を持った非常に注目されるべき制度である。

　英国における政府・自治体とボランタリー組織（英国における非営利非政府組織の呼称）との協働は、80年代の後半に個別プロジェクトベースのパートナーシップとして始まり、90年代半ばより2者協議から多者協議型パートナーシップへの変化をともないつつ、プログラムベース（テーマ別、課題別）のパートナーシップへと進んでいった。

　1994年に導入された地域再生単一資金チャレンジファンド（Single Regeneration Budget, SRB）、ＥＵの構造基金改革にともなって実施されるようになった政策目的1、2による衰退地域の再生支援、2001年より導入された近隣地域再生資金（Neighborhood Renewal Fund, NRF）等々、パートナーシップによる申請と実施を前提とした、数年の単位で交付される多くの包括補助（交付）型地域予算が、市町村という単位だけではなく、それぞれの課題にふさわしい地域のサイズで組まれてきた。

こうした経験がパートナーシップこそが地域の発展を支えるという共通認識を生み出していくのであるが、パートナーシップの重複、パートナーシップ型政策プロセスにともなう新たな仕事の負担増加が、新たな課題として認識されるようにもなってきた。また複数のパートナーシップと予算が存在することは、地域の戦略的方向付けの合意形成、それぞれの予算間での調整といったものが、より効果的な政策実施にとって望ましいという状況を生み出していた。そうして提起されたのが地域戦略パートナーシップ（Local Strategic Partnership）なのである。

　　ＬＯＲＣシンポジウム

　龍谷大学地域人材・公共政策開発システム・オープン・リサーチ・センター（略称ＬＯＲＣ）は、こうした英国の最新の動向を把握することが必要であると考え、先進事例と評価されるリバプールのLSPを紹介するシンポジウムを開催した。本書はこのシンポジウムの模様を伝えるものであるが、読者の便宜を考え、英国のパートナーシップの歴史についての解説を加えた２部構成とした。シンポジウムの概要は次のようなものであった。

第１回『英国リバプール市における地域戦略パートナーシップ
　　　　―地方自治体にいかなる革新をもたらそうとしているのか―』
　　　2005 年 1 月 14 日（金曜日）13：30 ～ 16：30
　　　キャンパスプラザ京都　２階　第１会議室
　　　自治体職員を主たる参加対象に

第２回『英国リバプール市における地域戦略パートナーシップ
　　　　―ＮＰＯ、コミュニティ組織、行政の
　　　　　　　　　　新しいパートナーシップの展開―』
　　　2005 年 1 月 16 日（日）　13：00 ～ 16：00

龍谷大学深草学舎　21号館　4階　403号室
　　ＮＰＯ・コミュニティ組織関係者を主たる参加対象に

〈報告者〉
１．英国副首相府（ＯＤＰＭ）地域・地方政府調査ユニット主任研究員
（当時）
　　　　マット・カーター（Matt Carter）氏
　「英国における地域再生のあゆみと地域戦略パートナーシップ」

２．リバプール・パートナーシップ・グループ事務局長、
　　リバプール市職員（当時）
　　　　　　　ペニー・ウェイクフィールド（Penny Wakefield）氏
　「リバプール市における地域戦略パートナーシップの展開」

〈コーディネーター〉
　　龍谷大学法学部教授　　　白石　克孝　氏

付　記

　龍谷大学地域人材・公共政策開発システム・オープン・リサーチ・センター（略称ＬＯＲＣ）は文部科学省の私立大学学術研究高度化推進事業であるオープン・リサーチ・センター推進事業の助成を受けて設置されました。本書は同センターの研究成果として刊行されるものです。
　公人の友社の武内英晴氏には、厳しい時間的制約の中で本書を編集し、刊行にこぎ着けていただきました。お名前を記して感謝の意を表します。

　　　　　　　　　　　　　　　　　　　　　　　　白石　克孝

第1章　マルチパートナーシップによる地域再生
　―英国における地域戦略パートナーシップへのあゆみ

　　　　　　　　　　　　　　　　　　　白石　克孝

　英国においてパートナーシップという用語は、過去20年ほどの間に大きくその意味内容を変えながら、現在もなお使用され続けている。英国の地域政策を跡付けながら、パートナーシップの概念がいかなるものとして成熟していったのかを紹介し、地域戦略パートナーシップの位置を探ってみたい。

パートナーシップの前史―行政改革として

　1979年に誕生したサッチャー保守党政権は、国及び地方自治体の財政難と公共サービスの質的低下という問題を克服するため、小さな政府の実現を目標に掲げ、行財政改革に着手した。そのためにとられた政策が民営化であり、公共サービスの民間開放であった。サッチャー政権はまず国営企業の民営化に取り組み、1980年代半ば以降は強制競争入札制度の導入、公共サービスの民間への委託を推進した。
　地域再生政策と関わる分野では、地域再開発事業に対する民間部門の参入を促進するとともに、地域政策の実施主体を地方自治体から民間セクターに移そうとする意図が示されていた。サッチャー政権が打ち出した政策は「民間資本誘発計画」といわれる原則によっており、公共投資の目的は可能な限り多額の民間投資を呼び込むことにあるとされた。
　官と民（企業、開発事業者）とのパートナーシップの積極的な活用が提唱さ

れた。都市開発公社ならびにエンタープライズ・ゾーンは、サッチャー政権が推進した開発主導の都市再開発、経済開発政策を代表する制度的枠組みであった。

1990年にサッチャー政権をついで登場したメージャー保守党政権は、サッチャー政権下で準備されてきた民営化構想を具体化しただけでなく、サッチャー政権下ではあまり進めてこられなかった各種執行部門のエージェンシー（独立行政法人）化を積極的に進めていった。また強制競争入札の対象となる業務の範囲を拡大した。

1992年の総選挙で保守党が勝利した後に、メージャー政権は内閣府を改革し、シティズンチャーター、エージェンシー、市場化テスト（マーケット・テスティング）の3つの特別室を首相と直結するようにし、公共サービスの民間開放をさらに進めるために市場化テストを強力に遂行させた。

この時期の行政と民間のパートナーシップは、行政改革の系譜として説明できるものであり、これらの一連の公共サービスの民間開放によって、省庁は行政の核となる業務に集中すべきという考え方が根底にあった。行財政が拡大を続けることが困難になっている状況で、様々なニーズに行政が応えるためには、行政のサービス供給者としてのこれまでのあり方を変える必要があり、そのためにパートナーシップによって「公的な」仕事の守備範囲を再定義＝行政のダウンサイジングをしようとしたのである。

パートナーシップの転回──非営利組織の活躍

メージャー政権のもとでは地域開発政策の転換が模索されることになった。エンタープライズ・ゾーンはサッチャー政権のもとですでに中止が決定され、都市開発公社もメージャー政権にとってもはや推進すべき政策ではなくなっていた。官民パートナーシップがねらいとした民間の投資を引き起こしただけでは、各地域の事情を踏まえた地域課題の解決を可能にする地域政策につながることは困難であることが自覚されるようになっていったからである。

こうした転換の前提として必要となったのがもう1つの「民間」の発見であり、転換の結果として起きたのがパートナーシップの転回であった。ここでいうもう1つの民間とは、いうまでもなくボランタリーセクター（英国で使われる非営利民間組織の呼称）であり、それによって鼓舞された地域住民であった。

ハード整備からの都市開発のアプローチは、インナーシティをはじめとする困難な地区が抱える様々な問題の社会的側面の解決にはほとんど無力であった。そこで社会的な再生を達成することをミッションにしたボランタリーセクターと住民とが結びついて、地域社会を再生していった事例に関心が寄せられていった。英国のボランタリーセクターの中でも、この時期の地域政策との関わりでインパクトをもったのは、開発トラストとよばれる組織であった。2つの代表的な開発トラストを紹介しよう。

ロンドンのテムズ川のサウス・バンクとよばれるエリアにあるコイン・ストリート地区は、1960年代初めより企業のオフィスビルが立地するようになったが、立地の利便性と安価な土地を求めたそれらのオフィスはコミュニティを疲弊させる効果しかもたらさず、20世紀初頭には5万人いた人口が1970年代にはわずかに4千人と落ち込むような状況になっていた。

1977年にヨーロッパ最高層のホテル建設計画が発表されたことを機に、地域住民の間で反対運動が起こり、7年におよぶ反対運動の結果、開発業者はホテル計画を断念することになった。1981年には民間開発業者と大ロンドン市（GLC）が再開発に乗り出すが、1984年には計画はまたも頓挫し、民間開発業者は所有する土地を大ロンドン市に売却することとなった。大ロンドン市は地域住民組織に対してコイン・ストリート地区の土地を売却し、住民主体の都市再開発を志向する方針に転換せざるを得なかった。

この結果、地域の様々なグループからなる開発トラストとしてコイン・ストリート・コミュニティ・ビルダーズが設立されたのであった。コイン・ストリート・コミュニティ・ビルダーズは低所得層の多い地区を再開発する手法として新しい開発手法を採用した。自らが経営する商業施設からのテナント料

やフェスティバル等の運営からの利益を住宅建設費や家賃の補助金に回すという手法である。事業がほぼ完了した現在では、公園、商店を含んだ良好な住環境において安価な賃貸住宅が地域住民に提供されている。この取り組みは高い評価を受け、ボランタリーセクターと地方自治体と地域コミュニティという3つの担い手のパートナーシップによる公的サービスの供給方式を広める役割を果たした。

　ロンドンにあるノースケンジントン地区は、市街地に高架道路が走っている地区であるが、この高架道路の建築にあたって強い反対運動が巻き起こった。結局建設は進められることになったが、この住民の反対運動が母体となって1971年につくられたのが、ノースケンジントン・アメニティ・トラスト（現在はウェストウェイ開発トラスト）である。行政と住民による4年間にわたる話し合いの結果、開発トラストとしてノースケンジントン・アメニティ・トラストが設立され、名目的な地代を払うことで、高架下の土地利用を管理し、地域住民の生活を豊かにする様々な開発や活動を行うことができるようになったのである。

　ノースケンジントン・アメニティ・トラストは、高架下とその近辺の空間にコミュニティ向けの施設として、スポーツジム、ボランティア組織用のレンタルオフィス、保育所、若者のための職業訓練センター、児童公園などを徐々に整備していった。スポーツジムなど一部の直営施設を除いては、これらコミュニティ施設は運営を行う別の団体に市場価格よりも遙かに低い賃料で賃貸されている。また敷地の中には、地域コミュニティ発展の活動の財源となる貸しオフィスや貸店舗を建設した（現在では敷地の2割にあたる面積に100程の数のテナントが作られている）。高架脇のスペースでフリーマーケットを開催したり、高架脇に緑地が広がるコーポラティブ住宅を建設するなど、地域を分断し、環境の悪化を引き起こす高速道路の弊害を最小限に食い止め、地域に役立てる工夫を重ねっていった。なおこれらの事業の一部には、後述するシティ・チャレンジ補助金もあてられている。

　80年代にはこうした住民運動にルーツを持つような開発トラストが活躍

し、政府や地方自治体がその意義を受け入れてパートナーシップを結ぶ、ボトムアップ型の典型的な地域再生事例がいくつも生まれた。こうした成功は政府・自治体とボランタリーセクターによるパートナーシップを促していったのである。

広義の意味では開発トラストの一種であるグラウンドワーク・トラストは日本でもよく知られている。政府の社会実験事業として始められたグラウンドワーク事業は、政府や自治体からコアコスト助成を受けつつ、事業を展開する中で財政的な基盤の拡大と安定を獲得する資金構造をもっていたことが特徴であった。そして地域の環境や景観にかかわる改善事業を専門とし、自治体、住民、ボランティア団体、事業者、農家、学校などがパートナーとなるような進め方で事業を実施していった。

政策過程においてパートナーシップを活用することで、ボトムアップの要素を含んだ地域再生事業が可能になるという実践が、1980年代後半には全英に広がりを見せ始めた。こうしてパートナーシップの意味内容が転回する段階に入っていったのである。

地域再生とパートナーシップのリンク──政策アプローチとして

社会的な再生を重視した地域政策は地域再開発に対して地域再生と呼ばれるようになる。物理的な地域環境整備や経済刺激策だけではなく、社会的課題の解決が含まれて初めて「再生（regeneration）」という言葉が生まれる。そしてまた社会的な再生を実現するためには、社会的な問題に直面している当事者が主体として参加することは欠かせない要件となる。これまでの地域政策を支援する制度はこうした視点を備えてはいなかった。開発トラストやグラウンドワークで示されたような新たなパートナーシップへの転回を広範囲に実現していくためには、パートナーシップによる地域再生を促すような制度が必要であった。

メージャー政権は1991年にシティ・チャレンジを創設したが、これは地域

政策のあり方を大きく転換する契機となった補助金制度であった。衰退したインナーシティを再生させるため、地方自治体からアイディアを環境省（当時）に提出させ、優れた案を提出した地方自治体に政府が補助金を交付するというのがシティ・チャレンジである。

この補助金の最大の特徴は、補助金の申請と受給に際して、地方自治体、企業、ボランティア組織などにより構成されるパートナーシップの設置が義務付けられたことである。そして同時に競争的に獲得される補助金でもあった。地方自治体は補助金の申請手続きおよび受給に関する窓口とされたが、補助事業の実施にかかる意思決定はパートナーシップの理事会により行われることが義務付けられた。これによってパートナーシップは様々な角度から事業を検討し、地域のニーズを反映するような事業のリストや計画を作成することが可能になった。

またシティ・チャレンジは個別事業毎の補助金ではなく包括補助金制度という特徴も重要である。補助金額は一地域あたり年間750万ポンドとされ、5年間継続して交付されるようになっていた。複数年次にまたがる包括補助金であることによって、パートナーシップの意思形成は中期的で総合的な政策立案へと向かうことが可能となり、優れたアイディアと実践が補助金の採択と交付の基準とされたことによって、地域から発するイノベイティブな地域再生アプローチへの模索が可能となった。

1994年にはシティ・チャレンジの農村版であるルーラル・チャレンジも設立され、都市と農村の地域再生への社会実験が始まった。社会的再生も含む地域再生政策が効果をあげるためにパートナーシップによるボトムアップ型の政策立案と実施が重要であることが、政府レベルで確認され始めていったといえよう。

こうした一連の社会実験を経て、メージャー政権は1994年にパートナーシップを重視した地域再生政策を進めるために新たな包括補助金制度を設ける。それが単一再生予算（Single Regeneration Budget, SRB）であった。単一再生予算は5つの省庁に縦割りに計上されていた地域再生関連予算の20の補助

金を統合し、環境省（当時）が所管となって運用するものであった。この運用のために内務省以外の4省庁がそれぞれもっていた地域事務所が統合され、政府地域事務所（Government Office for Region, GOR）が新たに設立された。

　単一再生予算にはチャレンジ・ファンドと称される包括補助金制度が柱に据えられた。ＳＲＢは基本的な制度の枠組みはシティ・チャレンジを踏襲した包括補助金制度となっており、全国のパートナーシップから寄せられた提案の中から、優れた事業計画を選定し、1年から最長7年間の補助を行うものであった。

　補助金を申請するパートナーシップは、自らの事業計画がＳＲＢの目的、すなわち、①地域住民の雇用機会が拡大し、教育・技能が向上すること、②社会的な差別に対処し、社会的弱者の機会平等を確保すること、③持続可能な地域再生を促進し、環境を保護し、更に住宅を含む社会資本を整備すること、④地域の経済組織及び企業の成長を支援し促進すること、⑤犯罪や薬物の乱用を減少させ、コミュニティの治安を改善すること、に適合することが求められた。まさに地域再生を求めるための包括補助金制度であった。

　単一再生予算のシティ・チャレンジからの大きな変更点は、インナーシティに限定されなくなったこと、事業期間に柔軟性がもたらされたこと、地域再生事業の進捗度合いに応じて補助金が交付されるようになったことであった。またパートナーシップに必要な構成員は、公的セクター、民間（営利）セクター、ボランティアセクター、地域社会とされた。地域社会における地域コミュニティ、エスニシティや信仰など様々な基盤を持つコミュニティを明確にパートナーとして意識したことは、地域再生の多者協議型パートナーシップの基本的構成員の理解として現在まで引き継がれている。

　地域再生におけるパートナーシップの位置は、政策がよりよい成果をあげることができるようにするためには、参加と共同による政策実施のアプローチが必要という意義付けに発展変化していった。単一再生予算はそのメルクマールであった。パートナーシップは政策アプローチの視点から評価される段階になったのである。

地域再生主体としてのパートナーシップ

　1997年に誕生したブレア労働党政権はパブリック・プライベート・パートナーシップを政策概念として前面に打ち出した。公共サービスの民間開放を進め、事業の責任やリスクを民間移転しようとしてきた発想から、公的部門と民間部門のそれぞれの長所をより効果的に引き出しながら両者の連携を強める発想への転換がうたわれた。(なお、ウェールズ、スコットランド、北アイルランドに地域議会を設け、それぞれに自治政府を認めたことで、地域開発や地域再生にかかわる権限はそれぞれに移されたために、これ以降の地域再生政策に関わる諸制度の議論はそれぞれの地域で異なることになってくる。地域戦略パートナーシップも含めて地域再生政策を支える制度については、もっぱらイングランドに限定して議論していることをお断りする。)

　ブレア政権はイングランドで最も荒廃状況が厳しい自治体、さらにはスポット的に存在する地区に地域再生政策の焦点をあてた政策を進めることを掲げた。

　ブレア政権は2000年の第6期まで単一再生予算の募集を続けた。この6期の間で、単一再生予算は計1028事業地区が採択され、総額260億ポンドが事業費として投入されている。このうち57億ポンドが政府資金であり、90億ポンドが民間企業からの投資、そして残りが自治体やEU、宝くじ基金などからの資金だった。

　ブレア政権は単一再生予算を受け継ぐ新たな地域再生への支援制度を打ち出していった。単一再生予算は実際のパートナーシップの形成を促すだけでなく、個別事業にとらわれない戦略的な思考法をも促した。ブレア政権は単一再生予算が持っていた制度上のメリットとパートナーシップの重要性を受け継ぎ、社会的包摂を最重点とする地域再生政策を展開していくのであった。

　1998年に政府の社会的疎外対策部が公表した報告書の提起を受け、同年に

ブレア政権はコミュニティ・ニューディール資金（New Deal for Communities, NDC）という荒廃地域への包括補助金制度を設けた。これはイングランドの荒廃地域が抱える諸問題に対処するため、重点的な資金投資を通じて問題の解決を図ろうとする制度である。10年間を期間とする予算で、近隣地区に基盤（適正規模として1000世帯から4000世帯を想定）を置くパートナーシップが補助金の交付対象とされ、全イングランドで39の地区が選定された。

　1999年には新たに地域開発エージェンシー（Regional Development Agency, RDA）を設ける法律を定め、イングランドの政府地域事務所（GOR）と同じ地域割で8つの地域開発エージェンシーが、翌2000年にはロンドン開発エージェンシーが設立された。地域経済の活性化を一段と強力に推進するには、都市中心の再開発事業を行うだけでは不十分であり、地域全体としてインフラ整備、人材育成はもちろん、保育や医療サービスの拡充も含め、総合的かつ長期的見地に立って取り組んでいく必要がある。そこで単一再生予算で統合しきれずにまだなお各省庁に分散している地域開発の権限と予算を統合することが提起され、それらの受け皿となるために設立されたのが地域開発エージェンシーであった。

　人口、失業率等を考慮した一定の算定式に基づき予算配分を受けることとなった地域開発エージェンシーは、もっぱら地域開発、経済政策に携わる機関となり、各管轄地域の実状に応じて経済開発の優先順位を決定し、自らが必要と判断した地域再生事業に対して自由に予算を支出することが可能になった。なお地域開発エージェンシーは目的達成度について政府地域事務所によるモニターと評価を受けることが義務付けられている。

　そして2002年に各省庁が地域開発エージェンシーに配分していた事業費（11の補助金）は1つの予算に統合され、新たに単一予算（Single Budget）がスタートした。自治体などによる開発補助金の申請は地域開発エージェンシーに対して行われ、協議の結果、助成対象となり得ると判断された事業に限り申請できる仕組みとなっている。

　こうして地域開発エージェンシーに集められた権限と資金の活用のために、

地域開発エージェンシーは長期プランである広域地域戦略(Regional Strategy)、地域の優先事項、予算配分及び工程表などが明示された3年間のコーポレイト・プラン (Corporate Plan)、年度別の目標やアウトプットを定めたビジネス・プラン(Business Plan)を策定する。もちろんこれらの計画立案にはパートナーシップによる協議が必要とされている。

　単一再生予算がもっていた経済政策にかかわる機能、たとえばフィジカルな開発を含む都市再開発、農村開発に関わる事業は、この単一予算に引き継がれた。そして単一再生予算がもっていた困難を抱えた地域の再生やコミュニティ開発に関わる機能は、単一再生予算からコミュニティ・ニューディール資金へ、さらには近隣地域再生資金（Neighbourhood Renewal Fund, NRF）へと引き継がれることになった。

　ブレア政権は2001年「国家戦略行動計画：近隣地域の再生に関する新たな責任（A New Commitment to Neighbourhood Renewal：National Strategy Action Plan）」を公表し、荒廃し困難を抱えた近隣地域の地域再生に積極的に取り組むことを打ち出した。近隣地区再生資金は地方荒廃指標（Index of Local Deprivation）を用いて、同資金が適用される88地方自治体と当該自治体内の対象地区を選定した。

　イングランドにおけるエスニック・マイノリティ人口の70％（1991年国勢調査）がこれらの自治体に居住している。したがってこれら荒廃地区の問題は、地域格差是正という言葉ですますことはできず、社会的疎外（ソーシャルイクスクルージョン）を克服して、社会的包摂（ソーシャルインクルージョン）やコミュニティの結束を目指す政策として認識されており、英国のみならずEU全体の最優先政策のひとつになっている。

　近隣地区再生資金は使途が限定されない包括的地域再生資金であることはこれまでの地域再生のための制度と同様であるが、従来の包括補助金制度とは異なって、競争原理を取り入れた申請方式ではなく、荒廃地域の人口規模などを含んだ一定の計算式に基づいて機械的に金額が算定・配分されている。そしてまた、ＥＵの構造基金やかつての単一再生予算あるいは現在の単一予

算からの補助金が、いずれも地域に一定以上のマッチング・ファンドを求めているのに対して、そうした要件が課せられていない。

このようなことから近隣地区再生資金は包括交付金と特徴づけることができ、シティ・チャレンジ以降の地域再生に関わる包括補助金制度のあり方に大きな変更をもたらしたものといえよう。競争的で自律型のアプローチを求めるだけでは深刻な社会的諸問題を抱えた地域の打開策につながらないという総括的な判断であり、地域再生政策のもつ社会的側面がよりいっそう強調された制度と考えることができる。

近隣地域再生資金を受給する地方自治体は、地域戦略パートナーシップ（Local Strategic Partnership, LSP）を結成するとともに、地域戦略パートナーシップが近隣地域再生戦略（Local Neighbourhood Renewal Strategy）を策定することを交付の条件として求めている。地域が全体として荒廃近隣地域に関わることを促進する制度趣旨であることがわかる。

地域戦略パートナーシップ──地域民主主義の発展として

メージャー政権のもとでは地域再生を成功させるための政策手法としてパートナーシップが構想されたが、ブレア政権のもとでは地域再生を含む多様な政策領域において、パートナーシップが政策の立案と実施の主体として描かれるようになっている。地域再生に関していえば、上述した制度以外でも相当数の制度が運用されている。

近隣地区マネージメント・パスファインダー・プログラム（The National Neighbourhood Management Pathfinder Programmes）は、荒廃した地区の住宅や公共サービス、生活の質の改善につながるような近隣地区レベルでのマネージメントの取り組みに対するに7年間の助成金である。2001年からの第1期には20の地区が選定され、平均すると1地区20万ポンド程度の予算規模でプログラムに関わるマネージメント経費をまかない、それに加えて必要な事業予算を最大210万ポンドまで受給できる制度設計になっている。近隣地区自

身による参加型の地区改善の可能性を探ることが期待されている。

その他にも近隣地区レベルでのコミュニティ支援の制度としては、コミュニティ基金（Community Chest）、コミュニティ・ラーニング基金（Community Learning Chest）、コミュニティ・エンパワーメント資金（Community Empowerment Fund）が続いて導入されている。いずれも近隣地区を対象とした小さな事業やコミュニティでの学習、コミュニティ組織の支援を意図している。2005年からこれらは単一コミュニティプログラム（the Single Community Programme）として運用されている。

以上は副首相府（ODPM）の所管の事業であるが、これ以外にもたとえば内務省（Home Office）の所管の事業として、ローカル・コンパクト（地域盟約）の締結、市民力再生（Civic Renewal Agenda）をサポートする事業を「Together We can」というスローガンで政府省庁横断的に進める計画が打ち出されている。

上記のような取り組みの結果として、地域開発エージェンシーが単位となる広域的な地域開発と経済政策、それよりも少々狭い地域（リージョン）が単位となるEUの構造政策、近隣地区やコミュニティ（地域コミュニティだけでなく、人種、宗教などのその他のコミュニティを含む）が単位となる近隣地区再生政策、それぞれの政策領域にとって最適と考えられるサイズが計画単位となり、その立案と実施のためにパートナーシップが主体となるという重層的な構造がもたらされた。

しかしこうしたパートナーシップの重層的な広がりが、「パートナーシップの負荷」と評されるような事態を地域にもたらし始めていた。様々な課題ベースあるいは事業ベースのパートナーシップがより有機的につながり、その結果として政策の質と効率が高まるような仕組みが必要となっていた。こうした課題を解決する方法として考え出されたのが地域戦略パートナーシップである。

2000年にブレア政権は地域戦略パートナーシップに関するガイドライン（翻訳を本書に所収）を出し、近隣地区再生資金が適用される88地方自治体を皮切りに、2001年までにすべてのイングランドの自治体に地域戦略パート

19

ナーシップを結成するよう求めた。

　地域戦略パートナーシップに関して楽観的な未来を描くことはまだできないが、すでに見るべき成果をあげている自治体が出始めている。その代表的な自治体が本書で紹介するリバプールである。リバプールの地域戦略パートナーシップはリバプール・ファーストと呼ばれている。

　新たに議院内閣型の自治体制度を選択したリバプールでは、与党のリーダーが筆頭市議として組閣するが、そのリーダーが議長となったリバプール・ファースト理事会のもとで地域戦略パートナーシップが運営されている。地域戦略パートナーシップの日々の活動を実質的に運営しているのはリバプール・パートナーシップグループと呼ばれている。

　このリバプール・パートナーシップグループのもとに、8つのテーマ別パートナーシップと近隣地域再生資金に関わる5つの地区別パートナーシップがおかれ、それぞれサブパートナーシップとして活動をしている。これらのサブパートナーシップには以前から存在していたものもあれば、実質的に地域戦略パートナーシップの設立がきっかけとなって作られたものもある。地元では問題解決のネットワークが急速に充実したという評価がなされていた。

　地域戦略パートナーシップは地域戦略計画を立案すること、設定した戦略目標にむかってそれぞれがどのように協働するかを議論する場となっている。地域戦略パートナーシップは独自の事業財源を持って事業を直接実施することはしていない。

　そこでは、自治体のみならず、警察、医療機関、教育など、さまざまな分野の政策目標がリバプール・ファーストの目標に連動するように働きかけられている。リバプール・ファーストに参加している市当局の各部署はそれぞれの人員や予算を確保しているわけで、その執行権限まで介入されているわけではない。しかし行政資源だけではもはや戦略目標とする課題を達成することが不可能であることは共通認識となっている。少なくない自治体で政治家からの抵抗にあっているが、リバプールの場合は政治的意思決定と地域戦略パートナーシップの意思決定の間には良好な関係が存在しているといわれ

ている。

　現在のイングランドでは、自治体、政府やエージェンシーなどの公的諸機関、ボランタリー組織、コミュニティ組織、事業者など、戦略的な意思決定を担う多者協議型のパートナーシップが急速に制度化されていく状況が到来している。2005年からパイロット事業が始められ、2007年から本格導入が予定されている、地域エリア合意（Local Area Agreement, LAA）は、こうした状況をさらに進めると考えられている。

　地域エリア合意は、地域戦略パートナーシップを通じて合意された地域の優先順位と目標にむけて、政府、地方自治体、主要なパートナーが合意を結び、それぞれの事業や資金の使い方の方向性に整合性をもたせていく3カ年計画である。

　地域戦略パートナーシップと地域エリア合意とによって、課題ベースのパートナーシップは新たな段階へと進もうとしているように思われる。そこには地域における民主主義の新たな発展へのチャレンジが含まれているからである。

　現代イングランドのパートナーシップは、行政改革論から始まって、よりよい政策実現のアプローチとして、そしてさらに地域民主主義発展の探求へと展開していると評価することができる。地域民主主義発展の系譜として特徴づけられるパートナーシップは、住民参加による地方行政の運営、地方行政の透明性とアカウンタビリティの増大など、参加・協働がよりよく機能するための制度改革に支えられて、パートナーシップそのものが地域民主主義発展の深化に連なるという意義を持っている。

　本書の主たるテーマである地域戦略パートナーシップは、行政とＮＰＯとの2者間パートナーシップとして捉えられがちな日本でのパートナーシップ論の不十分さについて、地方自治体のダウンサイジングの意義ばかりが強調されるようになってきた日本のパートナーシップ論の一面性について、改めて考察する手がかりとなることは間違いない。

第2章　英国における地域戦略パートナーシップの現状

マット・カーター（Mr. Matt Carter）
英国副首相府地方政府調査ユニット主任研究員

的場　信敬　監訳

はじめに

皆さん、こんにちは。マット・カーターと申します。どうぞよろしくお願い致します。今日は、英国の地域戦略パートナーシップ（Local Strategic Partnerships: 以後、LSPと略）についてお話し致します。私は日本語が少しだけわかります。でも、とても難しいですね。ですから今日は英語でお話しをさせて頂くことにします。最初に私の所属する副首相府の長、英国副首相ジョン・プレスコット（当時）より、皆様に宜しく伝えてほしいという言葉を預かってまいりましたのでお知らせしておきます。

英国のパートナーシップの歴史

それでは、英国におけるパートナーシップの歴史から見ていきたいと思います。まず、1970年代以前ですが、当時はパートナーシップという概念はほとんど存在していませんでした。1970年以降、英国全体が厳しい経済低迷期を迎え、社会的・経済的問題が多発しましたが、地方自治体やその他の公的組織はこのような問題に全く対処できませんでした。この状況を解決するた

めに、1990年代に入ってパートナーシップの概念が議論されはじめ、地域においてさまざまな実験的取り組みが行われました。これらのほとんどは、犯罪、都市の再生および活性化、教育、環境などといった、テーマごとに分かれたパートナーシップ型の取り組みでした。2001年には、中央政府はLSPの概念を取り入れて、地域のさまざまなパートナーシップや利害関係者(stakeholders)の仕事を合理化して効率的に整理し、地域の諸政策を戦略的に進める方向性を打ち出しました。

しかしながら、このようなパートナーシップ型の取り組みが普及するにつれて、パートナー間の業務の重複やスタッフの仕事量の増加といった、いわゆる「パートナーシップによる重荷(partnership burden)」の問題が顕在化してきました。

LSPの出現

これらの問題に対処するべく、パートナーシップの先進地域、例えばLSPより前にパートナーシップ型の政策が行われていたリバプール市のような地域では、より戦略的なパートナーシップを進めていくために、テーマ別に行われていたさまざまなパートナーシップの取り組みを合理化しコーディネートする動きが出始めました。政府は2001年に、このような地域におけるパートナーシップの進歩を確認した上で、すべての地方自治体でLSPを立ち上げるべきだという認識を表明しました。

図1は、典型的なLSPの枠組みを示したものです。この中で最も重要なのが中央上部のカウンシル(地方議会と地方自治体を合わせた呼称)で、ほぼすべての場合においてLSPのリーダーとなります。その他の公的組織としては、警察、消防署、社会サービス部門など、それから経済活動に関わる部分では、経済発展や、住宅、交通などの関係組織が関わっています。そしてチャリティ組織やコミュニティ組織、日本で言う自治会のようなもの、一般住民、それから地域の企業セクターも参加します。さらに社会サービスの面では、

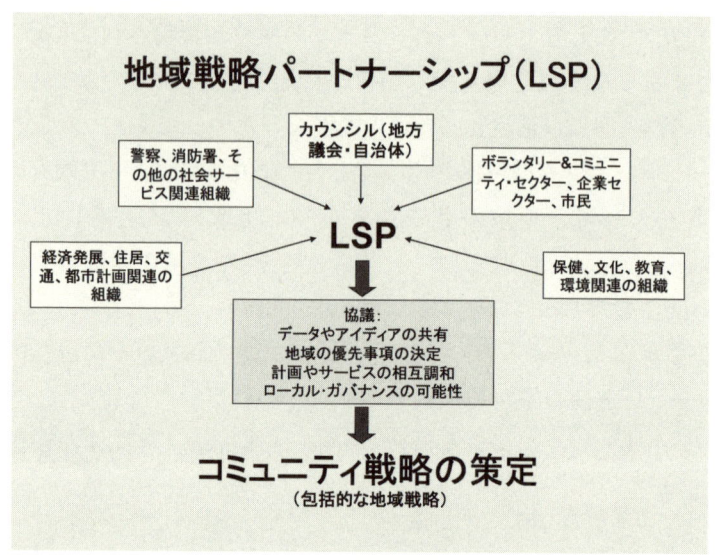

図1　ＬＳＰの基本的枠組み

保健、文化、教育、環境関連の組織も関わります。つまり、LSPの運営には、このような地域のあらゆる利害関係者が関わってくるのです。

　LSPの活動としては、パートナー間の協議や、データやアイディアの共有、そして地域のさまざまな問題について優先事項を定めることなどが挙げられます。つまり、計画やサービスを整理し、地方自治における全体的なガバナンスに携わり、地域マネジメントをより民主主義的な形で機能させるように促していくということです。

　また、LSPの最も重要な役割として、地域全体の問題をカバーする「コミュニティ戦略（Community Strategy）」の策定があります。これは、それぞれの地域において個別に策定することになっている国の政策です。

　　LSPがもたらした変化

　LSPの地域への導入により、大きく３つの変化がもたらされました。１つ

めは、LSPが、地域の利害関係者が一堂に会して議論・活動する場を提供し、そのことによりそれら利害関係者をまとめる役割をLSP自身が担うことになったということです。もちろん、この利害関係者の中には、地域のボランタリー＆コミュニティ・セクターなども含まれています。2つめは、ボランタリー＆コミュニティ組織と公的組織が一緒に仕事をする機会が増え、それに合わせた組織づくりがはじまったことです。そして3つめは、「地域の政策はその地域の人々のニーズに合致したものでなければならず、そのために常に人々の関与を促していく必要がある」、という考えがLSPによって提示されたということです。

　話を続ける前に、ここで英国と日本の相違点についてひとつご説明しようと思います。日本では、コミュニティにおける活動は非常に根強く、長い伝統を持っています。このような状況は英国には見られません。地域社会、例えば自治会というものが日本にはありますが、特に田舎というか地方に行けばそのような地域関係はまだまだ根強いものがあります。もちろん、そのようなつながりは現在では徐々に弱まりつつあるのでしょうが、伝統的にそういう感覚は人々に根付いており、ゆえにその概念は十分に理解され得るものだと思います。しかしながら、反対にボランティアの組織はどうかというと、英国のほうが非常に強い。しかも専門的なボランティア・センターが確立していますが、このような経験、感覚は日本では理解されにくいと思われます。

LSPの理念

　それでは、LSPの理念を見ていきましょう。はじめに、LSPは戦略的な視野を持っていなければなりません。計画を作成する際には、地域としての戦略性を十分考慮して進めていくことが重要です。そして、もうひとつ大切なことは、LSPは地域の草の根レベルで機能させなくてはならないということです。これにより地域の利害関係者の相互作用を引き出し、地域からのアクションを促すことになります。

LSPにおいては、地方自治体が主導的な役割を果たします。地域のさまざまな組織の仕事内容や役割分担を見直し、それぞれが地域の中で十分に機能するようにリードしていくことが求められます。LSPは、地域の将来的なビジョン（展望、構想）を提示しますが、それはその地域に住んでいる人々からコンセンサスを得ているものでなければなりません。そしてこのビジョンがさまざまなプロジェクトの形で地域に取り入れられ、自治体を含む地域の利害関係者が一緒に、あるいは役割を分担して別々に、それらのプロジェクト活動に取り組んでいくのです。こうした取り組みの結果、保健や教育、健康といったさまざまなサービスが実際に改善され、それにより人々の地方自治体への満足度が高まる、といった成果が期待されています。そして願わくは、こうしたことが地域の発展プロセスにおいて持続的サイクルとなり、長年にわたって成果を生み出していくことになれば、と考えています。
　ここでひとつ確認のために申し上げておきますが、LSPは、イングランドにおいてのみ存在しておりまして、スコットランドと北アイルランド、それからウエールズに関しては、LSPとは少し異なったパートナーシップの形態が存在しています。

LSPの基本構造

　次にLSPの構造についてお話しますが、まず重要なことは、ほとんどの場合、LSPはある場所に事務所を構えてそこでスタッフが組織的に仕事をしている、というようなものではないということです。LSPはあくまでも共通の理解をもった人あるいは組織のネットワークです。LSPに関わる人々はほとんどがパートタイムで働いており、自分の仕事はまた別に持っているということが多いのです。
　中央政府のLSPに対する基本的スタンスは、「地域で自分たちなりの組織構造、スタイルで進めてください」、ということですので、地域のLSPはそれぞれ独自の特徴を持って活動しています。ただ、もちろん、共通点もあり

ます。私共が行った調査によれば、ほとんどのLSP (82%) には中心となる理事会が存在しています。また、保健や犯罪といったテーマ別のパートナーシップ・グループ (73%) や実際に活動を実践するサブ・グループ (50%)、各種分析や専門技術を担当するグループ (44%) なども多くのLSPに見られます。さらに、より狭い近隣地域のエリアに特化したサブ・グループを組織するLSPや、フォーラムを開催してその地域が持つ独自の問題についての話し合いなどを行っているLSPなどもあります (36%)（図2）。

　中央政府によってLSPの政策が定められてからまだ3年ですが、この間に全ての地方自治体においてLSPが存在するに至りまして、その数は約350となっています。

　リバプール市のような大きなLSPの場合には、4名から10名の常勤職員が随時このLSPのために仕事をしています。他方、より小さなLSP、特に地方の小さな田園地域では、1名から4名程度のパートタイムのスタッフか、あるいは全くスタッフがいない所もあります。

LSPの基本構造

LSPの構造は地域によって異なるが、ほとんどのLSPが以下の組織構造をもつ
（カッコ内は、LSP全体に占める、当該構造をもつLSPの割合）

- 中心となる理事会 (82%)
- テーマ別パートナーシップ・グループ (73%)
- 実践担当グループ (50%)
- 分析・専門技術担当グループ (44%)
- 近隣地域フォーラム（議論の場として）(36%)

図2　ＬＳＰの典型的組織構造

ひとつのLSPにおけるメンバー数ですが、イングランド全体での平均は85団体、そのうちコア・グループ（理事会）の平均メンバー数は21団体となっています。コア・グループは、例えば2ヵ月に1回というように頻繁にミーティングを行いますが、メンバー全体が集まってミーティングを開くのは、平均して年に2回ほどです。

　LSPの資金

　次に資金面ですが、まず重要なのは、基本的に中央政府はLSPに資金を提供しないということです。LSPの運営資金は、地域のLSPメンバーから集められ、その中でも地方自治体が最も多くの資金を提供します。つまりLSPのメンバー組織は、中央政府からのサポートが全くない中で、スタッフ、資金、建物、オフィス、各種事務機器や、そしてなによりもLSPに捧げる時間とエネルギーなど、全てを自身で調達する仕組みになっているのです。ただ、もっとも貧しい地域におけるLSPには、これはそのほとんどが都市再生に関するプロジェクトに対してですが、政府から例外的に資金が提供されます。
　さらに中央政府は、ボランタリー＆コミュニティ・セクターの組織に直接資金援助を与え、スタッフの技能や団体としてのキャパシティを高めることにより、このようなパートナーシップにおいてボランタリー＆コミュニティ・セクターが公的組織とともに仕事が出来るような体制の整備に努めています。
　1990年代に地域に対する資金提供方法に大きな変化が起こりました。それ以前は、資金は地方自治体単位で提供されていたのですが、近年行政区ではない個別の地域や都市再生などのプロジェクト単位で提供をしていくという動きが出てきました。例えば、最貧困地域におきましては、地域再生のための資金援助が行われました。それから、EUからも資金調達が可能になりました。近隣地域再生のための資金といったような特定目的のための政府資金も用意されました。これまで自治体やその他公的組織に個別に流れていた資

金の多くが、包括的な資金として使用できるようになってきたのです。したがって、これらの資金を戦略的に使うことがLSPに求められているのです。

LSPに参加するメンバー

LSPには、社会的なサービスの提供において最も重要な役割を果たす各種公的組織がメンバーとして参加しています。図3は、LSPにおける公的セクターの参加状況を表したものです。ほとんどすべてのLSP（99％）で地方議会議員がメンバーとして参加しており、また理事会メンバーとしても93％のLSPが議員を確保しています。地方自治体職員も85％のLSPで理事会メンバーに加入しています。

その他の公的組織として、保健関連組織はすべてのLSPで理事会メンバーとなっており、警察は96％、高等教育機関は54％、雇用、専門技能育成関連組織は33％、地方政府事務所（Government Offices）は47％、地方開発エージェ

LSPに参加する公的組織

組織	一般メンバーとしての参加	理事会メンバーとしての参加
地方議会議員	99％	93％
地方自治体職員	94％	85％
保健関連機関	100％	100％
警察	99％	96％
高等教育機関	85％	54％
雇用・専門技能育成関連組織	73％	33％
地方政府事務所	71％	47％
地方開発エージェンシー（RDA）	48％	27％
その他多数		

図3　ＬＳＰにおける公的組織の参加状況

LSPに参加するボランタリー&コミュニティ・セクターおよび企業セクターの組織

組織	一般メンバーとしての参加	理事会メンバーとしての参加
ボランタリー&コミュニティ・セクターの中間支援組織	90%	81%
その他のボランタリー&コミュニティ組織	79%	42%
民族グループ組織	56%	30%
信仰組織	71%	46%
住宅協会	66%	40%
住民組織	49%	14%
商工会議所	78%	52%
個別の企業	63%	30%
その他多数		

図4　LSPにおけるボランタリー&コミュニティ・センターおよび企業セクターの参加状況

ンシー（Regional Development Agencies: RDA）は27％など、その他のさまざまな団体も含めて多くの公的組織がLSPの理事会メンバーとして参加しています。このように、地域の公的組織が共に集い、アイディアや将来のビジョンを共有することは非常に重要なことです。恐らくこの中でももっとも重要な存在は、地域で政治的リーダーシップを持つ地方議会議員や市長であり、彼らによってLSPに対する市民のサポートが引き出されることが期待されます。

図4は、ボランタリー&コミュニティ・セクターおよび企業セクターの参加状況を表したものです。ボランタリー&コミュニティ・セクターの中間支援組織が、全LSPの81％で理事会メンバーとして参加しています。一般メンバーとしてではなく、理事会メンバーとして81％ものLSPでこのセクターが参加しているところが重要です。また、42％のLSPで、その他個別のボランタリー&コミュニティ組織が理事会に加わっています。

重要なのは、ボランタリー＆コミュニティ・セクターが自分たちの持っている技能や専門知識を、LSPや公的組織との関わりにおいても十分に発揮しているという点です。彼らは、その地域に対してより詳しい情報、理解を有しており、地域の人々にとって何が重要な問題であるのかを十分に理解しています。彼らは革新的なアイディアや新しい考え方を公的組織に提供することが可能ですし、また、地域に近いことから、住民からの支持も得やすくなります。さらに、十分なリソースを持つ組織もありますので、それをもってプロジェクトに貢献することも出来ます。

　英国にはさまざまな民族が居住していますが、そうした民族グループの組織も、理事会メンバーとして30％、また、さまざまな信仰組織も46％のLSPでメンバーとなっています。さらに、住宅協会（40％）、住民組織（14％）、商工会議所（52％）、個別の企業（30％）、など、その他のボランタリー＆コミュニティ・セクターの組織や企業体も含めて、多様な組織が理事会メンバーとして参加しています。また、企業メンバーのいくつかは、地域貢献の一環としてLSPの活動に対して資金供給を行っており、その意味でも重要なLSPの構成員となっています。

LSPの活動スタイル

　図5は、LSPの活動スタイルについて示しています。ここにあるすべてのスタイルを有するところもあれば、1つに特化しているところもあります。
　1つめは、諮問機関スタイルで、さまざまな情報やデータ、計画などについて議論し地域でコンセンサスを得る、というようなディスカッション・フォーラム形態のものです。
　次に、委託業務実施スタイルで、現場におけるプロジェクトの実行にフォーカスをあてる形態です。この場合、LSPは組織として必要な法的手続きを取り、自身のスタッフを持って説明責任をしっかりと確保した上で活動します。

> **LSPの活動スタイル**
>
> 1. **諮問機関スタイル**： 議論する場（ディスカッション・フォーラム）として
> 2. **業務委託実施スタイル**： プロジェクトの実行に焦点をあてる。LSPは独自のスタッフ、説明責任、法的正当性を確保する
> 3. **実験室（ラボラトリー）スタイル**： 地域サービスのデザインと運営に新しい手法を持ち込む
> 4. **コミュニティ・エンパワメントに力点を置くスタイル**： コミュニティの強力なネットワーク作りに力を入れる

図5　ＬＳＰの活動スタイル

　さらに、実験室的（ラボラトリー）な取り組みを行うスタイルがあります。LSPによっては、革新的・創造的な、これまでに全くないような新しいアイディアによって地域における問題の解決を図る場合があります。

　最後に、コミュニティ・エンパワメント（community empowerment）に力点を置くスタイルがあります。コミュニティのネットワーク作りやプロジェクト策定および実施における影響力を高める、といった取り組みを行っていくものです。

　先進的なLSP、例えばリバプールなどでは、これらのすべてのスタイルを兼ね備えていますが、このような先進的な取り組みを行い地域に変革をもたらすにはとても時間がかかります。

　コミュニティ・エンパワメントに関連して、中央政府は非常に影響力のあるガイダンスを地域の公的組織に向けて発信しています。例えば、公的組織はプロジェクトを行う際に、地域の人々に相談しパートナーシップで進めているということを、しっかりと提示し証明しなければなりません。また、地

域のボランタリー&コミュニティ・セクターとどのようにパートナーシップでプロジェクトを行っていくかを取り決めた協定・同意書といったようなものを作成する必要もあります。地方自治体は、パートナーシップのリーダーシップをとるように期待されているのです。

　この地方自治体の役割に関する法律も最近策定されまして、そこではコミュニティが地域において重要とする問題に取り組んでいかなければならない、つまりコミュニティに対して責任を果たさなければならない、ということが明示されています。このような流れにあわせて、地方自治体並びにその他の公的組織の職員は、ボランタリー&コミュニティ・セクターと仕事をしていくために、新しい技能や手法のためのトレーニングも受けています。

　もし、公的組織がボランタリー&コミュニティ・セクターとパートナーシップを組んでプロジェクトを進める事が出来ない場合、あるいはパートナーシップにより活動していると証明できない場合には、政府からの資金が一部分カットされることもあります。また、中央政府はボランタリー&コミュニティ・セクターの評価も行っており、彼らが組織としてプロフェッショナルなキャパシティ（能力）を有しているか、パートナーシップのために必要な変革を受け入れて実行しているかなどを調査しています。

　このように地方自治体は、ボランタリー&コミュニティ・セクターやその他地域の人々のコンセンサスを導き出すリーダーシップを期待されている一方で、地域において支配的に動き過ぎないように活動する、という微妙なバランスを取る難問を抱えています。その一方で、地域の公的組織が策定する政策やプロジェクトのデザインとその実行において、ボランタリー&コミュニティ・セクターが果たす役割はますます高まっています。

LSPの課題と解決に向けた試み

　図6はLSPが現在抱えている課題を示しています。LSP全体としては概して成功を収めているものの、まだまだ解決しなければならない問題はありま

> **LSPの課題： 調整とキャパシティ**
>
> - 地域サービス開発および提供における、「プロセス」重視と「供給・結果」重視の摩擦
> - 人員確保、リソースとキャパシティの問題
> - 強力なリーダーシップの必要性
> - 地方政府の重要な役割：
>   - LSP関連のほとんどのサービスを提供（スタッフと資金）
>   - 地方議会議員が「権力」を侵されることを危惧することも
> - ボランタリー＆コミュニティ・セクターが、公的セクターの政策形成および実践に、より深く関わる必要性

図6　ＬＳＰの課題

す。

　まず、プロセスとサービス供給における問題があります。LSPでは、地域の利害関係者が集まって問題を議論するそのプロセスに特徴・意義がありますが、これまでの官僚主義的な地方自治体主導の地域マネジメントでは、サービス形成のプロセスよりもその供給に重点が置かれていました。このような相反する手法・概念をどのように調整し、現場で実際に有益な成果を導き出すのか、これからの課題と言えます。

　次にスタッフのキャパシティの問題があります。LSPはこれまでのガバナンスのスタイルを変えていく新しい試みですので、スタッフには新しい技能、能力が要求されます。LSPにおいて強いリーダーシップは非常に重要な点ですが、通常は地方自治体が地域のリーダーの役割を担います。このリーダーシップのとり方には難しい部分があり、すべてのパートナーからコンセンサスを得る必要があると共に、独裁的なマネジメントは避ける、という微妙なバランスを保つことが求められます。

> **地域の公的組織のLSPへの参画と
> 改善のためのポイント**
>
> 成功の度合いは地域により異なる。中央政府は地域により広範な自由裁量と柔軟性を与える必要がある。
>
> 改革のポイントとしては：
>
> - 予算メカニズム
> - パフォーマンス・マネジメント手法
> - ライン管理システム
> - 組織的インセンティブ
> - 組織の再編

図7　ＬＳＰに関する公的セクターの改革の動き

　地方自治において伝統的に重要な役割を果たしてきた人の中には、このLSPを、これまでの自分の役割を脅かす「脅威」として受け取る人もいます。特に地方議会議員は、市民から直接選挙で選ばれた自負もあり、LSPという新しいスタイルのガバナンスに対し危機感を感じることがあるようです。

　地方自治体には、そもそも地域コミュニティにおいてリーダーシップを執る役割があります。中央政府は新しい法律によって、地方自治体がこれまでとは違った方法で地域のマネジメントを行う権限を与えました。例えば、地方自治体は今では独自で新しいサービスや活動、政策を実際に導入することが出来ます。このように権限委譲は進んでいますが、地域の公的組織が実際にこのような権限を用いて新しい変革をおこすのはなかなか難しいようです。

　図7は、中央政府が、地域の公的組織の変革を促す目的で、政策に変更を加えている分野を示しています。例えば、自治体への資金供給システムの変更や資金調達の自由裁量権、それからパフォーマンス・マネジメント手法やライン管理システム、そして組織のインセンティブに関する方策などです。

さらに中央政府は公的組織の組織改革を行い、これらの組織が更に自由度と柔軟性を持って改革を進めていけるような体制作りを進めています。

　それではここで、地方自治体がどのようなビジョンや戦略、計画を作っているのかについて少しお話します。全ての地方自治体は、10年から20年の長期にわたる地域のビジョンを掲げた「コミュニティ戦略（Community Strategy）」を策定しておりまして、さらに、より具体的なプロジェクトを伴う1年から3年の短期のアクション・プランも作ります。このコミュニティ戦略は、その地域の経済、犯罪、教育、環境、地域再生、レジャーといった広範なテーマをカバーしています。地域のパートナーが有するさまざまな計画やプロジェクトをお互いに関連付け、地域全体の方向性を示す役割を担います。

LSPの活動手法

　次に、計画や戦略の実践の話に移ります。まず重要なことは、LSPはそもそもサービスを提供する団体ではないということです。プロジェクトを計画しそして実践するのは、LSPに参加しているパートナーたちであります。このパートナーの活動や計画の実践に対して地域全体の方向性を示すのが、LSPでありそこで策定されるコミュニティ戦略であるわけです。この形態を地域において上手く機能させるには、地域の有力団体のトップレベルのスタッフのコミットメントをしっかりと確保することがまず重要ですが、その概念を正確に理解し現場において的確に実践する有能なミドルレベルのスタッフの存在も必要不可欠です。

　LSPが地域において変化をもたらしうる概念の一つとして、「メインストリーミング（mainstreaming）」という英語でも難しい概念があります。1つの例として、貧困地域対策のために、現在地域のパートナーがそれぞれ独自に展開している政策や資金などを組み合わせて、効率的でより良いサービスを提供するといったことが挙げられます。現在のサービス提供形態を見直し、

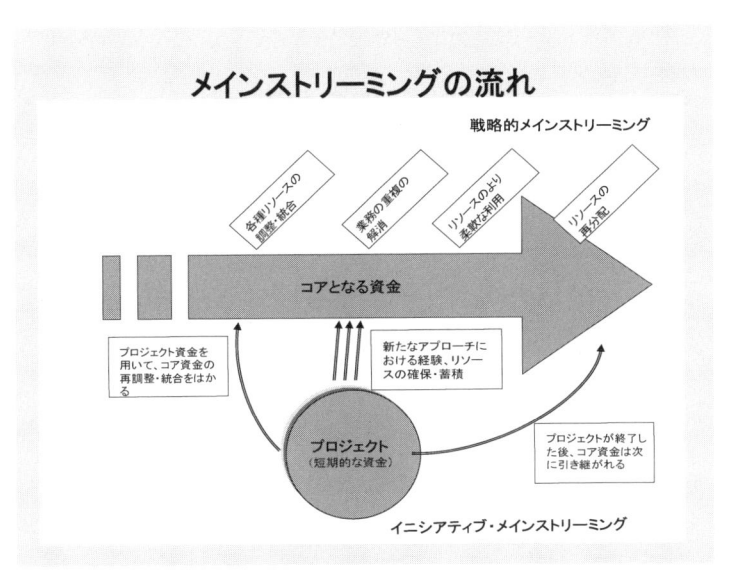

図8　メインストリーミング概念図

地域の組織がビジョンを共有し、パートナーシップで行っていくプロジェクトなども例として挙げられると思います。

　こちらの図を見て頂ければ、よりしっかりと理解して頂けるかと思います（図8）。メインストリーミングには2つの形があります。上のほうが、「戦略的メインストリーミング」と呼ばれるものです。あるパートナーシップのプロジェクトにおいて、地域のさまざまな組織が資金を持ち寄って計画を立てます。これにより、同じ目的を持って活動を行う際に起こりうるサービス提供や時間、資金といったリソースの重複を避け、これらのリソースをより柔軟的に利用することが出来ます。LSPはまた、地域の優先事項に即して、パートナーのリソースを再配分することが出来ます。

　もう一つは、「イニシアティブ（プロジェクト）・メインストリーミング」です。LSPの活動におけるさまざまな経験から、地域において何がうまく機能したのかを学び、それをパートナーが共有することで、次のプロジェクトにその経験と学んだ知識を活かしていく、というものです。

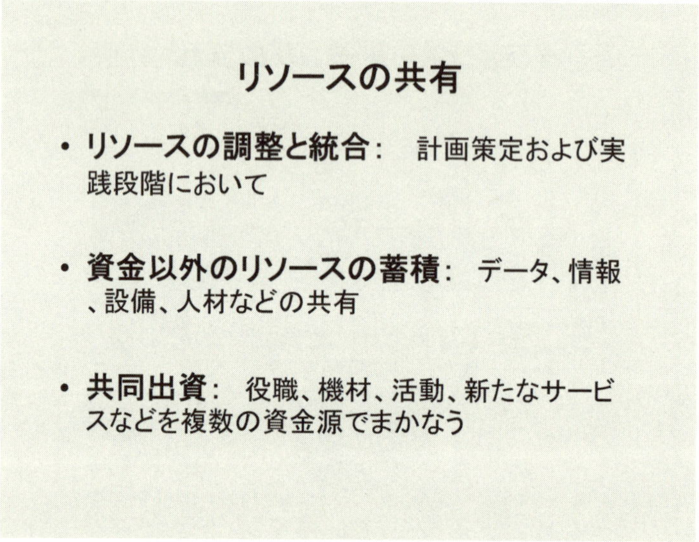

> **リソースの共有**
>
> - **リソースの調整と統合**：計画策定および実践段階において
>
> - **資金以外のリソースの蓄積**：データ、情報、設備、人材などの共有
>
> - **共同出資**：役職、機材、活動、新たなサービスなどを複数の資金源でまかなう

図9　パートナー間のリソース共有

　図9は、LSPのパートナー間のリソース共有について説明しています。先ほど申し上げたようなリソースのメインストリーミングとともに、お金以外のリソース、例えば各種データ、情報、施設、スタッフなどをパートナー間でプールし共有することも行なわれています。また、地域のいくつかの組織が、スタッフや器材、新しいサービス提供などに対して、共同でお金を出資する形態もあります。これにより、地域で合意された優先事項に対して、地域のパートナーが少しずつ資金を出しあって、個々の組織では行えないような大きなプロジェクトを共同で行うことが可能となります。

地域の目標設定における LSP の役割

　図10は、中央政府が定めた地方自治体の達成目標について説明しています。イングランドにおいては、さまざまな分野、例えば犯罪や教育あるいは住宅といった分野において、国レベルの達成目標が掲げられており、地方自

> **パフォーマンス・ターゲット**
>
> LSPは、中央政府が設定した達成目標について、どれを優先的に行うか中央政府と協議する。これにより：
>
> - 国の優先事項に地域の実状を反映させる
>
> - LSPは、地域のパートナーの指標や目標を調整しモニタリングするために、パフォーマンス・マネジメントのシステムが必要になる
>
> - LSPのターゲットが達成されれば、LSPに参加したパートナーは報奨金的な追加資金を得ることができる
>
> （新政策）

図10　地方自治体の達成目標とLSP

治体や警察などは、この目標を達成しなければなりません。

　ここでLSPは、地域の実状をこの達成目標に反映させることが出来ます。つまり、その地域独自のターゲットを選ぶことが出来るのです。それは中央政府と全く同じターゲットということもあるでしょうし、また違うこともあるでしょう。最近発表された新しい政策では、中央政府から提示された数値目標やその他の具体的なターゲットに対して、LSPが中央政府と交渉出来るようになりました。さらに、この中央政府と合意した目標を達成すると、それを達成した地域の公的組織に対して資金が供給される仕組みになっています。例えば、警察には中央政府がさまざまな達成目標を設定していますが、この目標をLSPの場で地域の実状に合わせて設定しなおし、その新たな達成目標について政府と交渉します。目標が中央政府が提示したレベルより下がる場合もありますし、逆に上がる場合もあるでしょう。いずれにしても、ここで合意された目標が達成されたあかつきには、中央政府はその目標を担当する公的組織、ここでは警察に資金を供給することになります。

このように、LSPは地域において次第にその影響力を強化し成長してきました。それに合わせて中央政府もLSPに対し信頼を高めてきています。ただ、LSPはまだまだ新しい政策ですし、地域のパートナーシップがこのレベルに達するまでに10年ほどかかっています。

LSP がもたらす付加価値

　図11は、LSPのプロセスによって得られた付加価値を示しています。LSPのプロセスにより、公的組織のより良い情報やより質の高い計画の策定、サービス提供やリソース面での重複の低減、そしてより多くの地域からの声（ニーズ）の反映といったさまざまな付加価値がもたらされました。
　LSPプロセスの結果としてどのようなインパクトが地域にもたらされたかということですが、それは例えば町の荒廃や貧困の減少、犯罪率の低下、そして地域のニーズに即した活動の展開、などにみることが出来ます。また、

LSPがもたらす付加価値

- **プロセスにおける成果**： より良い情報や計画、重複や繰り返し作業の低減、地域の声（ニーズ）をより広く反映、など
- **インパクト**： 貧困の低減、犯罪の減少、地域ニーズを重視した目標設定と実践、地域再生、より民主的な手続き、など

↑

- **時間**： すべてのLSPは、「プロセスにおける成果」を達成しているが、「インパクト」については、長い時間が必要
- **コスト**： パートナーの時間的負担と労力

図11　ＬＳＰプロセスによる付加価値

パートナーシップという新たな枠組みでの経験は、地域の民主主義の拡大と発展に貢献していると思います。

　ただ、このような変化についてLSPが実際に果たした役割を評価するには、長い時間が必要となるでしょう。LSPはあくまでプロセスですので、犯罪率の低下や保健サービスの向上といったものへの直接的な貢献を測るには時間が必要です。中央政府は5年から7年の間にLSPのメリットが明確になってくるのではないかと考えています。LSPのプロジェクトがはじまってまだ3年ほどですから、LSPが地域にとって本当に有益なものなのかを証明することは現時点では難しいでしょう。ただ、例えばリバプール市のように、すでに成功の兆しを見せている地域もありますので、LSPが良いインパクトを与えている地域もある、ということは間違いないと思います。事実、私どものリサーチでは、LSPに関わったすべての利害関係者は、LSPのプロセスに対しては良い評価を与えています。ただ、LSPプロセスがもたらす成果については、まだまだ時間がかかるものであるという認識を持っているようです。LSPは、パートナーの時間とエネルギーに関してとてもコストがかかるものです。したがって重要になるのは、長期的な視点で包括的なプロジェクトを行うことと共に、短期的なプロジェクトで短期間のうちに成果を挙げて、LSPが上手く機能するということを証明することです。

　まとめ

　結論にはいりますが、端的に言いますと、LSPはとても人気が高くこれまでのところ成功を収めており、新しい政策ではありますが、英国国内で大きく成長しています。LSPは国内でもさまざまな形がありますが、それは、LSPがそれぞれ異なる地域の現状と優先事項に焦点をあてた政策であるからにほかなりません。
LSPは個々のプロジェクトに焦点をあてるものではなく、本質的に戦略的なものです。そして、真の意味でのパートナーシップを追求し、地域のすべて

の利害関係者がパートナーとなって機能していくものです。これには信頼、信用、そしてお互いの尊重の念が必要不可欠ですが、このような信頼関係を構築するには時間がかかります。

　それゆえに、冒頭で述べた1990年代のテーマ別パートナーシップでのさまざまな経験は、現在のLSPのチャレンジにおいて大変貴重な財産となっています。LSPはこれまでの公的組織および地域のパートナーの役割を根底から見直すもので、ある意味過激な変革ですので、そこまでの踏み石となった1990年代の経験は重要だったと思います。

　また、地域の利害関係者、例えば地方自治体やその他の公的組織、ボランタリー＆コミュニティ・セクターなどへの、人材育成トレーニングやキャパシティ・ビルディング（能力構築）の方策も重要になります。中央政府は、このキャパシティ・ビルディングに多大な資金を投入しています。なぜなら、LSPのようなパートナーシップの概念を用いた政策を実行していくためには、そこに参加するパートナーは、新たな手法や技能を学ぶ必要があるという認

まとめ：　各主体の役割

地方自治体：　主要なリーダー。行政的・政治的コミットメントが必要

ボランタリー＆コミュニティ・セクター：　地域の理解度を深め、創造的な考えを導出し、地域の人々からのサポートを得るために欠かせない

地域の公的組織：　中央政府からの自由裁量とインセンティブが必要

図12　各主体の役割

識をもっているからです。

　LSP同士がお互いに自己啓発のために学び合うことも盛んでありまして、いくつかのLSPが集まって情報交換を目的としたグループを作り、例えばリバプールのような先進事例のLSPから学んでいくというような活動も活発に行われています。

　最後の図となりました(図12)。イングランドのLSPでは地方自治体がリーダーシップを発揮しますが、このプロセスを成功させるためには、地方自治体の行政的・政治的なコミットメントが必要不可欠です。しかしながら、地方自治体だけで全てが出来るわけではなくて、その地域についての理解を深め、革新的な新しいアイディアを導き出し、そして地域の人々からのサポートを得るためには、やはりボランタリー＆コミュニティ・セクターの協力はとても重要です。また、その他のさまざまな公的組織、例えば警察や保健関係機関からのサポートはLSPの成功には欠かせませんが、それと共に、中央政府から地方の関連機関への強い自由裁量、そして活動を促進する何かしらのモチベーションが与えられなければならないでしょう。

　LSPは、地方自治体のこれまでのガバナンスの手法を全く変えるもので、地域における新しい民主主義の形を提示しています。現在英国では、投票率の低下が問題となっていますが、LSPという新しい形が、従来のシステムを補完するような形で、より健全な民主主義の構築に寄与できればと考えます。

　限られた時間の中ですので、とても簡略で短い説明となりましたが、皆さんに少しでもLSPについてご理解して頂ければ幸いです。もし、その他の情報やデータがご入用であれば、私が出来る範囲でご協力させて頂きたいと思います。ご清聴ありがとうございました。

第 3 章　リバプール市における地域戦略パートナーシップの活動

ペニー・ウェイクフィールド（Ms. Penny Wakefield）
リバプール・パートナーシップ・グループ事務局長

的場　信敬　監訳

はじめに

はじめに、リバプール・ファースト・ボード（Liverpool First Board: リバプールのLSPの理事会）のチェアマンでありますマイク・ストーレー（当時）、それからリバプール市役所最高責任者（Chief Executive）のデビッド・ヘンショウ卿、そしてLSPのメンバーから皆さんに心から宜しく伝えてほしいという言葉を預かってまいりましたのでお知らせしておきます。このセッションでは、リバプールのLSPがどのように機能しているのか、LSPのパートナーになることによってどのようなメリットがあるのか、そして、実際に私どもが直面しているさまざまな課題にはどのようなものがあるのか、などについて触れていきたいと思います。もちろん、日本と英国は違う国ですが、私のこのプレゼンテーションが、少しでも皆様の状況に関連するもので、お役に立つことになればと思います。

リバプール市の概要

それではまず、リバプール市の概要から説明致します。皆さんの中にリバ

プール市についてご存じの方がいらっしゃれば嬉しいですが、まず、リバプール市は音楽、特にビートルズの発祥の地として有名です。スポーツでは、国際的に知られたサッカーの強豪チーム（リバプールとエバートン）があり、また世界遺産に指定されているとてもきれいな海岸地区（歴史的な商業港）もあります。さらに、2008年のEUのキャピタル・オブ・カルチャー（European Capital of Culture：ヨーロッパ文化首都）としても認定されています。実はこの文化首都の記念モニュメントであるスーパー・ラム・バナナ（バナナに羊の足が生えたモニュメント）は日本人の著名な芸術家によってデザインされておりまして、リバプール市でも少しだけ日本を感じることが出来ます（図1）。

人口は、45万人に少し満たない程度で、ロンドンを除いた英国の8大都市のうちの1つです。イングランドの北西部に位置しており、おとなりのマンチェスター市と共にこの地域の経済の中心となっています（図2）。過去5年間、リバプール市の経済再生は非常にめざましいものがありまして、現在では、ロンドンを除いて経済的にもっとも大規模で急速な経済成長率を誇って

図1　リバプール市のアイコン

図2　リバプール市の位置

いる都市です。この経済発展の例としましては、現在ヨーロッパ最大級のショッピングセンターを計画中であり、これはすでに予算も確保されています。

　しかしその一方で、リバプール市の多くの住民は、貧困や失業、専門能力や教育レベルの低さ、健康問題、そして劣悪な住宅環境など、さまざまな問題に苦しんでいます。このような地域の荒廃は、過去50年間の国の経済再生のプロセスによりもたらされたもので、リバプール市も大きな影響を受けました。したがって、私どものLSPの最大の課題は、リバプール市のすべての人々が市の発展の恩恵を受けることが出来るようなシステムを作り、それにより地域間格差をなくして平等な社会を築くことです（図3）。

　リバプール市の最近の繁栄は、このパートナーシップが原動力として作用しているところも大きいと言えます。パートナーシップの動きは、地域への投資の増加や地場産業の成長、公的なサービスの質や効率性の向上、そして都市の荒廃地域の改善などにつながっています。

図3　リバプール市の荒廃

リバプール市のカウンシル

　5年前は、リバプール市のカウンシル（地方議会と地方自治体を合わせた呼称）は、残念ながらそのパフォーマンスの低さでよく知られていましたが、現在では全国のカウンシルのランク付けにおいて、「good（良い）」というステータスを得るに至っております。現在はこれを「excellent（非常に良い）」のステータスにもっていくよう努力しているところです。このような変化は、カウンシルの刷新されたマネジメント・チームによる、強力な政治的リーダーシップによってもたらされました。これまでのサイロ型（縦割り）構造ではなく、例えば社会サービスや住宅関連、教育といった異なるセクターが協力して業務を進める横断的な構造をつくり、私どものお客様である地域のコミュニティや企業等に対して、より良いサービスを提供しようと試みています。また、カウンシルの職員は、LSPの枠組みの中で他のメンバーとも積極

的に協力して政策を進めていくことや、意識改革のためのトレーニング・プログラムに積極的に参加することなども促されています。

リバプール市のLSP—Liverpool Partnership Group (LPG)

　それでは、LSPの話に移ります。リバプール市のパートナーシップとしては、まず1990年初頭に、都市再生のコーディネートを目的とした市全域をカバーするパートナーシップ組織が、カウンシル主導で設立されました。1990年代後半になりますと、我々のパートナーシップは非常に大きな勢いを得まして、この頃に最初の10年間の「コミュニティ戦略 (Community Strategy)」を策定するに至っています。またこの時期は、先ほど申し上げたカウンシルの変革が行われた時期でもあります。リバプール・ファースト・ボードと呼ばれる理事会には、33の主たる公的機関、企業、ボランタリー＆コミュニティ組織、そして信仰・宗教組織などがメンバーとして参加しています。理事会の議長はリバプール市議会の長が務めます。この理事会で地域全体のビジョンを設定し、そこから戦略的に優先事項を定めることになります。

　リバプール・パートナーシップ・グループ (Liverpool Partnership Group: 以後LPGと略) は、行政の最高責任者でありますデビット・ヘンショウ卿が議長を務めています。LPGは、理事会の決定をもとに実際の活動を設定したり、その実践のモニターを行ったりします。また、パートナーシップ全体のマネジメントもLPGの役割です。

　実際の活動は、市全体をカバーするテーマ別のパートナーシップ、例えば仕事や雇用、教育やスキル、あるいは保健といったテーマに関するものですが、これらのパートナーシップが行います。そして、このテーマ別のパートナーシップが、横断的にお互いに助け合うようなかたちで作業を進めていくように努めています。それから、マットさんから少しお話がありましたが、資金調達に関するサブ・グループも存在しています。また、最も荒廃した地域のほぼ全域をカバーする、5つの地域再生パートナーシップが形成されて

おり、これらは、「近隣地域マネジメントエリア」とリンクしています。また、EUの「オブジェクティブ1（Objective 1）」プログラムでも使われる経済成長ベースのエリアにもリンクされています。

ボランタリー＆コミュニティ組織の参加と活躍

次に、コミュニティをどのように巻き込んでいくのかについてお話をしたいと思います。リバプール市には非常に幸運なことに2,000以上のボランタリー＆コミュニティ組織や信仰組織があります。彼らはとても活発に多種多様な活動を行っており、高い能力を持っています。積極的にリバプール市の再生のために貢献をしてくれますが、特にコミュニティの結束を高めていくという点において重要な役割を果たしてくれています。彼らは、さまざまな社会的サービスやトレーニングの機会を提供しており、地域の人々の興味や関心事を吸い出し、少数民族や身障者といった特定のグループの主張を代弁するなど、利益を追求しないいわゆる社会的企業（social enterprise）として機能しています。

最近2年間ほどですが、彼らは中央政府から資金を得て、リバプール・コミュニティ・ネットワーク（Liverpool Community Network）というネットワークを構築してきました。このネットワークによって、私が先ほどお話したLSPのすべてのレベルの活動に、ボランタリー＆コミュニティ組織が効果的に関与していくことが可能になりました。このリバプール・コミュニティー・ネットワークは、本当の意味でのネットワーク、ネットワークの中のネットワークと言ってもよいかと思います。なぜなら、リバプール市の非常に多くの組織がそこに関わっているからです。彼らは加入団体を、民族グループ、コミュニティ、信仰・宗教、環境、高齢者、身障者、子供・若者、そして社会福祉という8つのカテゴリーに分けて活動しています。

ボランタリー＆コミュニティ組織が活発に参画した事例のひとつとして、少数民族に関する行動計画が挙げられます。以前からLSPでは、地域の少数

民族の方々のニーズに充分に応えられていないという認識がありました。そこで、少数民族のネットワークに、彼らの視点で彼らのニーズに関する調査を委託し、それをもとに行動計画を起草しました。そしてこの少数民族のネットワークの方たちとLSPが議論をし、実際にどの活動が実現可能であるかを話し合いました。

　当然ですが、こうした交渉はいつも上手くいくわけではなく、合意に至らなかったり、口論に発展したりすることもしばしばあります。なぜならコミュニティの優先事項が必ずしも公的機関のそれと同じであるとは限らないからです。しかし、地道に調整を続けて合意に達するよう努力していきますし、現在ではいくつかの活動においては実践に移っています。この例としては、少数民族の方や高齢者向けのより良い住宅環境の提供が挙げられます。この少数民族のネットワークのメンバーたちは、このプロセスにおいて、ただ単に自分たちの要求を主張するのではなく、他の組織と上手く調整していく、その交渉方法を学んだと思います。公的セクターもそれら外部からの声に耳を傾けて地域のニーズを受け入れていくことを学びました。ボランタリー＆コミュニティ組織や信仰組織は地域に根ざしており、人々のニーズをよりよく理解していますので、彼らとのパートナーシップによって革新的なアイディアが生まれるわけです。

　別の例ですが、私たちの雇用・教育に関するトレーニング・センターでは、そのマネジメントの会合に、地域の方々も参加しています。彼らのアイディアのひとつとして、ジャガー（Jaguar：自動車企業）の工場で職を得るために必要なスキルを学ぶことが出来る、「スキルズ・パスポート（Skills Passport）」という取り組みがありました。

成功の秘訣──信頼関係の構築

　先ほど、少数民族のグループの方々との協議によって行動計画を策定したというお話を致しましたが、ここで最も重要になるのが、「信頼」や「信用」

といった要素です。カウンシルの職員のなかには、自分たちがその道のプロであるのだから、自分たちの知識や情報がベストのものであると考える方がいらっしゃいます。例えば、LSPがリバプール市北部のある地域の職員に、その地域における若者向けのサービスの改善を依頼したことがありました。はじめの計画では、職員がすべてを作成し、当の若者が作成のプロセスに全く関与しておらず、あまり創造性の富んだものではありませんでした。そこで、LSPのチェアマンがこの提案を持ってきた職員に対してこのように言いました。「若者を巻き込みなさい。むしろ若者がこのプロセスをリードすることが大事です。あなた方は、その若者のサポートをする役割を担うのです」。その結果、最終的には非常にいい成果が出ましたし、コストもあまりかからずにすみました。これは、カウンシルの職員がコミュニティの人々を信頼することを学んだひとつの例だと思います。現在も、共同でのトレーニングやセミナー、コンファレンスの開催などをとおして、地域の人々との信頼関係を築き、理解を深めていく努力をしています。

　LSPに参加することによって、彼らはその都市の将来のビジョンとその達成のための優先事項を他のメンバーと共有することができます。LSPに関与していることにより、メンバー団体は自分たちのみで活動するよりはるかに広範なフィールドで地域の諸問題に影響を与える機会が得られます。そして色々な団体と顔を合わせることができますので、自分たちの活動をサポートしてくれるような団体を探すことも可能になります。

　LSPがもたらした効果

　それでは、このような取り組みが実際に地域にもたらすインパクトとはどのようなものでしょうか。まず、地域の人々に新たな就労の機会を提供することが挙げられます。LSPの雇用パートナーシップに参加しているすべての組織は、それぞれの雇用に関する目標を共有し、それに対してパートナーシップで活動していくための5つの取り決めにサインしています。これは、

地域の人々が、先ほど申し上げた大規模ショッピングセンターの建設や現在見込まれております30億ポンド規模の建築ブームによる大規模な雇用の恩恵を、充分に享受することが出来るようにするためです。ビジネス・リバプール（Business Liverpool: 団体名）、カウンシル、商工会議所、そして中小ビジネスのジョイント・ベンチャーなど、このような組織のパートナーシップは、より小さなビジネスや投資家がリバプール市において発展し恩恵を得るためのサポートを提供しています。

　次に、LSPは地域において創造的なパイロット事業を進めるためのフレームワークを提供し、そのような事業で得た経験や成功例をリバプール市の他の地域に拡げていく役割を担っています。例としては、近隣地域マネジメント・アプローチ（Neighbourhood Management Approach）で、経済成長投資の一部である住居関連への投資と社会再生プログラムとをリンクさせて、地域の荒廃したエリアの人々にこういった投資の恩恵を拡げていくことが挙げられます。

　今後の課題

　それでは今後の課題について説明します。まず、オーナーシップとコミットメントの問題があります。重要なのはカウンシルのトップレベルの職員が、適切な時間とレベルにおいてLSPに関与することです。それにより、LSPで決定された事項が階段式に地域の広範なフィールド、組織に伝えられていくことが可能になります。リバプール市では、カウンシルのコミュニティにおける強いリーダーシップが、LSPの諸活動が実際に行われることを証明する上でとても重要な役割を果たしてきました。もちろん、リーダーシップと言った場合に私が申し上げているのは、厳格な意味での管理とか、あるいは支配というものでは決してありません。我々の経験から学んだことですが、それぞれ目的や手法、説明責任などが異なる地域のさまざまな組織と活動を共にする際は、型にはめすぎずに柔軟性を持って作業を進めることが重要なのです。

しかしながら、LSPの全体としてのクオリティを下げるわけにもいきませんから、ここでのリーダーシップは、パートナーたちの裁量や柔軟性について、上手くバランスを取りながらやっていくという難しい作業になります。また、信頼や相互理解といったものも重要ですし、カウンシルの上層部の職員が現場で働く職員に対し、適切で充分な地域との関係作りを進めるよう促していくことも大切です。

　また、これはどのレベルの職員にも言えることですが、あまり防御的にならないという姿勢が大事だと思います。新たなチャレンジに対しあくまでもオープンでいること、他者に対しても積極性を持つこと、そういった姿勢が重要です。ですから、私たちは、どのようにパートナーシップを機能させていくべきなのか、あるいは建設的な形で仕事をしていくにはどうしたらいいのか、といったような事に関するトレーニングに長い時間を使っています。確かに時間はかかるかもしれませんが、最終的には正しい答えを導き出せるのではないかと思っています。これはもちろん簡単なことではありませんが、私たちはこのプロセスを楽しんでもいるのです。リバプール市は、皆さんはご存じかもしれませんが、非常にユーモアに長けた場所でもありますので、楽しみながらやっています。

　このようにトレーニングの重要性が認識されていますので、組織間のジョイント・トレーニングとしてコンファレンスやセミナーなどを開催しています。また、パートナー間でのスタッフ交流（派遣）もあらゆるレベルで行われており、例えば私のチームには、外部のさまざまな団体からスタッフが派遣されています。そして私は自治体の職員でもともとは保健サービス関連の部の人間ですが、給与はいくつかの異なる組織から支給されています。

　次の課題は、LSPの信用性、信頼性の確保です。パートナーシップ、特にLSPは、ただ議論をするだけで行動を伴わない集まりと思われがちです。ですから、先ほどマットさんもおっしゃっていたように、なるべく早い時期に何らかの具体的成果を外部に提示することが重要になります。これによりメンバーたちを鼓舞しモチベーションを高めることが出来るのです。私たちの

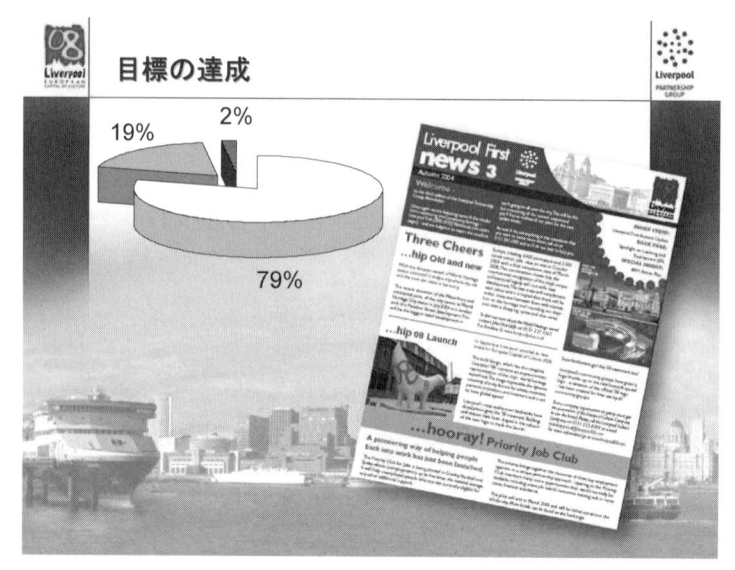

図4　リバプール市ＬＳＰのモニタリング結果

　コミュニティ戦略には178の実践的なジョイント・アクションが設定されており、その実践状況を6ヶ月ごとにモニターしています。図4は最新のモニタリングの結果です。この2％（濃灰色）の部分と、19％（灰色）の部分が問題のあるエリアを示していますが、これらの色をLSPのすべてのパートナーと一緒に、問題がないことを示す白色（現在は79％）に変えていく取り組みを進めています。モニタリングの結果は、ニューズレターでも皆さんにお知らせしていますが、これはパートナーの組織はもちろん一般市民の方々にも配布されています。実は今日、このセミナーの写真を撮影して頂いておりまして、次のニューズレターに掲載させて頂きたいと考えています。リバプール市で皆さんが有名になるということですね。
　リバプール・ファースト・ボード（理事会）も、コミュニティ戦略で設定されたハイレベルな戦略的目標への活動に対して、モニタリングを行っています。このモニタリングはとても詳細なものです。これによれば、ある程度良い成果が出ているものもあれば、これからまだまだ努力が必要なものもた

図5　リバプール市のサイエンス・パーク

くさんあります。

　こちらは、我々の成功したプロジェクトのひとつ、サイエンス・パークの写真です（図5）。隣に見えますのはローマ・カトリックの教会ですね。これは、3つの大学とカウンシル、そして地方開発エージェンシー（Regional Development Agency）のジョイント・プロジェクトです。また、若者向けに、健康的な食事のための教育プロジェクトや、地域の連携を深めるようなフレンドシップに焦点をあてたプログラムなども行っています。

　我々は、地域に残る官僚主義については本当に頭を悩ませています。マットさんから「パートナーシップの負担（partnership burden）」の話もありましたが、ミーティングの数が多すぎたりペーパーワークがメンバーの負担になっていたりということがかなりあります。改善の一環として、報告書に関する品質基準を設定しまして、現在ではほとんどの報告書は最高2ページまでとなっています。もちろん、地域の方々がより詳細な情報が知りたい場合はそれにも対応できます。また、建設的で密度の高い議論のための会議スタイル

の構築にも時間を費やしました。パフォーマンス・ターゲットを出来るだけ国のものと合わせていくようにも調整していますが、これにはまだまだ難しいところもあります。

　地域でコンセンサスを得ていくこと、それから利害関係者の対立、衝突をうまく調整していくことも重要です。これは特に都市の再生を議論する際に非常に重要な問題です。すべての人が同じ方向性を持って仕事をしてほしいと考えています。例を一つ挙げますと、リバプール市内の15万人分の住宅を供給できる地域で、住宅市場がうまく機能せずに大きな問題となったことがありました。投資計画や建物の解体作業、新しい住宅の建設、そして諸作業における合理化と企業セクターとの関係構築などの面において、さまざまな難しい決断を迫られました。そこで住宅パートナーシップを立ち上げて、地域の主な利害関係者が一堂に会し、優先事項をどのように設定するか、その優先事項をどのように達成するか、そしてどの組織がどのような役割を果たすのか、などについて議論をし実践していきました。このプロセスのなかで、地域のコミュニティを巻き込んで良い関係を構築し、一緒にプロセスを進めていくことに非常に多くの時間をかけました。ご想像に難くないでしょうが、人々はこの問題に対し憤りを感じ、現状や今後の展開に不安を感じていましたので、これはとても重要なことでした。

　また、このコンセンサスに関連して、異なるセクター間のみならず同じセクター内、例えばボランタリー・セクターであればボランタリー組織間でも、お互いに合意に至らない点は多々あり、問題解決にあたって対立がおこる場合があります。そうしたときに、このリバプール市のコミュニティー・ネットワークはその解決に重要な役割を果たします。

今後の展開

　これからの展開ですが、これまでの成功をもとに更に発展していきたいと考えています。現在コミュニティ戦略を更新しておりまして、これが終了す

れば、リバプール市が世界文化首都となる2008年までの戦略が策定されることになります。このコミュニティ戦略には、近隣地域における実践計画も含まれます。マットさんからもご説明がありましたが、現在ターゲットについてもう少し柔軟性を持って対応できるように中央政府と交渉しています。その柔軟性により、より地域に特化した事象に焦点をあてて活動を展開できるからです。そして、カウンシルやその他の組織のスタッフ、ボランタリー＆コミュニティ組織や信仰組織の人々など、地域の利害関係者のトレーニングやキャパシティ・ビルディング（能力構築）にも引き続き努めていきます。

まとめ—LSPの成功のために

最後に、私たちがLSPのプロセスにおいて学んだこと、重要と思われることをお伝えします。第1に、リーダーシップがあります。このリーダーシップはなにか形式的で凝り固まったものではなく、柔軟性をもったものです。またこれに関連して、パートナーシップで活動を行っていく際に必要とされるスキルやテクニックの開発、いわゆるキャパシティ・ビルディングも重要です。第2に、実践と成果の重要性です。仕事、雇用、教育、トレーニングなどについて、取り組みを実践して結果を出すということです。なぜならそれこそが、リバプール市の市民や企業が望んでいることだからです。第3に、適正なモニタリングと再検討のメカニズムを整備することです。リバプール市のLSPには、とても強健なパフォーマンス・マネジメントのシステムがあります。第4に、官僚主義をなくして物事をシンプルに進めていくことです。そして第5に、最も大切なのが、結果・成果を利害関係者間で共有することです。ご清聴ありがとうございました。

第4章　政府が提示した地域戦略パートナーシップの指針

的場　信敬　訳

　英国政府は、地域戦略パートナーシップの設立・実践を地方自治体に呼びかけた際に、『地域戦略パートナーシップ―政府によるガイダンス（Local Strategic Partnerships; Government guidance）』（2001年3月）という政府文書を提示した。地域戦略パートナーシップのスタート時点での構想がもっともよく表れている資料となっている。本章では、同文書冒頭の「要旨」を紹介する。

（的場　信敬）

地域戦略パートナーシップとは？

1　地域戦略パートナーシップとは：
- 地域における公的、ビジネス、ボランタリー＆コミュニティの各セクターのさまざまな組織・部局が共に集うことにより、互いの異なる政策やサービスを関連付け、協力し合うものである
- 法律によって定められたり（non-statutory）、直接サービスの提供を行うような（non-executive）組織ではない
- 地域の戦略的決定を行うレベルで活動するとともに、コミュニティ・レベルでの意思決定を行うことができるほどに個々の近隣地域に近い存在である
- 地域行政区域ごとに組織・運営される

なぜより良いパートナーシップが必要なのか？

2 公的、ビジネス、ボランタリー＆コミュニティの各セクターのすべての組織は、生活の質の向上のために重要な役割を担っている。地域の人々も含め互いに協力し合うことにより、さらなる成果を生み出し、さらに以下のようなことが期待できる：
- 持続可能な成長の恩恵を国中にもたらす
- 貧困地域における経済的、社会的および環境的再生をもたらし、またそれが維持される
- 公共サービスが改善され、人々のニーズにより効果的に応える
- 地域の人々が意思決定に影響を及ぼし、近隣地域をより良くするための行動をおこすことができる
- ビジネスおよびボランタリー＆コミュニティ・セクターが、地域において平等かつ最大限の役割を担うことができる

3 地域の人々にとっての重要問題（犯罪、雇用、教育、保健、住宅など）の解決には、地域におけるさまざまな組織がともに活動することが必要となる。地方政府や公共サービスを提供するその他の公的組織（保健、警察、雇用サービス、[年金・給付金などの]給付局など）、地域の企業、ボランタリー組織によるパートナーシップの成功例は、すでに多く存在している。社会的疎外の解決や最貧困地域の再生といった最大の挑戦には、すべてのセクターの協力と調和が必要となる。政府はそのために、他の組織や地域の人々と協力して「地域戦略パートナーシップ」を組織することを求めている。このパートナーシップは地域の主要な組織を巻き込み、地域の人々と共に、コミュニティの最重要課題とニーズを決定しその解決に取り組むものである。

4 現在進められている以下のようなイニシアティブは、上述したような

パートナーシップの設立を促している：
- ●策定・実践を法的に規定したコミュニティ戦略の導入
- ●既存のパートナーシップの簡略化・合理化
- ●保健、教育、地域の安全およびその他生活の質の問題における、国および地域レベルの優先課題に関する中央政府と地方政府の合意協定の実験
- ●最貧困近隣地域の再生に関する国の戦略の実行

これらのイニシアティブの詳細については、Box 1 を参照

Box 1: パートナーシップを促進するプログラム		
プログラム	目的	なぜ協力が重要か？
コミュニティ戦略：「地方政府法（2000年）」により、イングランドおよびウェールズのすべての地方政府に、コミュニティ戦略の策定を義務化。	地域及びその居住者の経済・社会・環境の質的豊かさを改善し、英国の持続可能な発展の達成に貢献する。	地方政府は、コミュニティの改善のための責任と権力を有する。しかし、その他の公的組織や、地域の人々、ビジネス、ボランタリー＆コミュニティ・セクターにも、貢献する機会が与えられる必要がある。
既存の多くのパートナーシップ組織、計画及びイニシアティブの合理化。そのための政府方針を2001年夏に設定予定。	既存の計画やイニシアティブを統合することにより：保健、教育、犯罪などの問題の改善を容易にする；業務の重複や不必要な官僚主義的手続きを低減する；法的ステータスをもたない組織を含むパートナーが、活動に参加することを容易にする。	複雑・複合化した問題の解決には、協力的で調和的な活動が必要になる。パートナーは、全ての活動においてお互いが効果的に協力することを確認する必要がある。また、その際には、重複と資源の無駄遣いを避けるような形で協力することが必要である。

地域公共サービス合意（PSAs）： 2001-02年度に20の地方政府で実験。その他の130の上層地方政府でも、任意で2001-02年度から2年間実験的に試行。	地域運営の柔軟性、目標達成のための活動準備資金、目標達成時の報奨金などと引き換えに、地方政府に、国および地域の優先事項に従事してもらう。	地方政府は、合意案が地域の人々やパートナーから支持されていることを示す必要がある。地域公共サービス合意の目標達成には、地域の協力体制は必須である。
近隣地域再生： 国の戦略的活動計画を2001年1月に策定。	失業率・犯罪率の低減や、より良い保健、教育、住居、自然環境といった共通の問題にあたることで、最貧困近隣地域とその他の地域の格差を縮小する。	効果的な近隣地域再生には、公共サービスの調和の取れた改善を計画・実践するための、協力体制が欠かせない。地域の人々、ビジネス、ボランタリー・セクターの全てがそれらの活動に貢献する機会を得る必要がある。

地域戦略パートナーシップは何を行い、どのように機能するのか？

5　地域のパートナーが地域戦略パートナーシップのあらゆる活動について決定する。初めの取り組みとして、以下の主要タスクが設定されている：
- 地域の「コミュニティ戦略」を策定・実践することで、地域の最重要事項を決定・解決し、進行状況を把握し、常に最新の状況に対応する
- 地域の計画、パートナーシップ、イニシアティブをまとめ共通の議論の場を提供する。これを通じて、主要な公共サービスの提供者（地方政府、警察、保健サービス、中央政府のエージェンシーなど）が協力して、地域のニーズと優先事項に合致する活動を効果的に行う
- 地域公共サービス合意（Local Public Service Agreement）の策定を進めている地方政府とともに、合意内容を企画し、目標の達成に協力する
- 近隣地域再生戦略（Local Neighbourhood Renewal Strategy）を策定・実践

することで、雇用の確保、より良い教育や保健、犯罪の減少、より良い住居を目指し、貧困地区と他の地域との差をなくし、貧困問題に関する国の目標達成に貢献する（Box 2 参照）

Box 2: 公共サービス合意（PSA）の主要ターゲット－貧困問題の解決のために

これらのターゲットは、居住地域に関わらず全ての人々の、最小限のサービスの享受を保障するものである。

教育： 2004年までに、教育に責任を有するすべての地方公共団体において、全国学力テスト：GCSE（General Certificate for Secondary Education）のA*からC（あるいはそれと同等のグレード）のグレードを5つ以上持つ生徒の割合を、少なくとも38％にまで高める。Key Stage 2（11歳時）における英語と数学のグレードの獲得率の差の低減目標を、2001年後半に発表する。

雇用： 景気循環を考慮に入れつつ2004年までの3年間で、初期の雇用市場状況が最も悪い30の地域行政区域の雇用率を改善し、全体の雇用率との差を低減する。

犯罪： 貧困地域の犯罪率を下げることで、2005年までに、住居不法侵入罪の割合が国平均の3倍を超える地域を全廃する。また、同時期までに国の割合を25％削減する。

保健： 出生時平均余命の最も低い地域のうち20％の地域の割合と国全体の割合の差を、2010年までに少なくとも10％縮める。2010年までに、18歳未満の受胎率の最も悪い地区のうち20％の地区の数値を少なくとも60％減らし、それにより同じく2010年までに、これらの地区と国全体の貧富の割合の差を、26％まで縮める

住居： 2010年までにすべての住居をある程度のスタンダードまでに高め、2004年までに一定のスタンダードを満たさない住居に居住する家族を33％削減する。これらの改善策は、主に地域行政区域のなかで最も貧困が進んだ地域で進められる。

6　地域戦略パートナーシップがこれらの問題に挑戦していくには以下のことが必要である：

- 信仰や黒人・少数民族のコミュニティを含めた地域の人々と、協力し相談することが出来るようなさまざまな手法を開発する
- 共通の目的を持ち、責任を分かち合う
- 目標と優先事項を共有し、それらを公表する
- 特定のメンバーや組織による支配を避け、全てのパートナーの貢献を評価する
- 地域の情報や優良事例を分かち合う
- 効果的な地域のイニシアティブを認定し、奨励し、サポートする
- 共通のパフォーマンス管理システムを開発する
- 討論、議論、共通の意思決定の場を設ける

地域戦略パートナーシップはどのように開始されるのか？

7　地方政府は、地域の主なパートナーを集め地域戦略パートナーシップを設立する責任を持つ。多くの地方政府がすでに設立済みだが、まだのところは、早期に活動を進めてきた地方政府の経験から学ぶことが出来るかもしれない。

8　課題に効果的に取り組むには、地域戦略パートナーシップは地域コミュニティとすべてのセクターの参加を出来るだけ早く確保する必要がある。信仰や黒人・少数民族のコミュニティといったこれまで疎外されがちであった人々の参加を促す熱心な努力が必要である。主要なパートナーが参加する既存の戦略的パートナーシップからはじめるのもよい。これら既存の組織のメンバーや組織構造は、特にコミュニティやボランタリー組織、ビジネスの参加を確保するために、調整を要する場合もある。パートナーシップは全ての人々が関心のある問題に対して意見を述べる機会を提供する必要があるが、全てのパートナーが全ての議論に参加できる、あるいは参加したいと願っている、とは限らないことも理解する必要がある。

誰が地域戦略パートナーシップに参加するべきか？

9 地域戦略パートナーシップのメンバー構成と規模は、そのパートナーシップの目的と対処する問題を反映する。これは地域ごとに違いがあり、メンバーは地域によって決定される。その地域の重要課題に着実に取り組むために、地域戦略パートナーシップの主要メンバーには、少なくとも以下の主体が含まれる必要がある：
- そのパートナーシップがある地域を受け持つ公的セクターの組織
- コミュニティ組織および地域の人々
- ボランタリー組織
- ビジネス

10 政府は、地域戦略パートナーシップへの地方議会の議員の参加を強く促す。地方政府は、主な公共サービスに対する責任を持ち、また地域コミュニティに対しても民主的責任を持つ。その他の公共サービスの提供者の参加も同様に重要である。コミュニティの効果的な参加もまた、パートナーシップの成功には欠かせない。コミュニティ・セクターの参加の詳細については資料Cに書かれているが、資料Dではコミュニティ・エンパワメント資金（Community Empowerment Fund）について紹介している。これは、最貧困地区における地域戦略パートナーシップのコミュニティ参加を促すものである。ボランタリー組織はコミュニティの社会構造にとっての主要素であり、これらの組織を通して以外では巻き込むことが難しい人々の参加に役立っている。ビジネスは地域サービスの重要な利用者かつ供給者であり、地域雇用の主要な担い手でもある。効果的な地域戦略パートナーシップは、これらのすべてのセクターが参加することによって成り立つ。

誰が地域戦略パートナーシップを指揮するのか？

11　地域戦略パートナーシップのプロセスをスタートさせたならば、メンバーはリーダーを決定する必要がある。地方政府がその役を担うのが大半ではあるが、そうである必要はない―どのパートナーでもリーダーとなることが出来る。地域戦略パートナーシップにおける良きリーダーシップとは、地域コミュニティを含めたパートナーの、将来展望や熱意、コミットメントを引き出し、彼らの信頼をかち得るようなものである。

政府地方事務所（Government Office for Region, GOR）との連携

12　すべての地域戦略パートナーシップは、その地域を管轄する政府地方事務所と出来るだけ早く協議し、政府地方事務所がパートナーシップとどのように仕事を進めていくか同意する必要がある。また、参加に難色を示す地域の法定／非法定のパートナーを出来るだけ早く確認し、彼らが確実に参加するように取り計らう。政府地方事務所は、問題があった場合にも対処の手助けを行う。

合理化の機会

13　地域戦略パートナーシップと、犯罪、教育、雇用、保健、住居の各問題を扱う既存のパートナーシップ組織とのリンクを早めに設定する必要がある。地域のパートナーシップ活動におけるメンバー構成と活動を合理化する機会であることを確認すべきである―地域戦略パートナーシップは、パートナーの時間的負担を増加させるのではなく、軽減しなければならない。資料Fに既存のパートナーシップ組織の例を挙げているので、今後、他のエリアとの関係構築の際のアイディア作りに役立つだろう。

地域戦略パートナーシップの実践のために、中央政府は何を行うか？

14　政府は、地域戦略パートナーシップの成功のために、さまざまな方法でサポートする：
- 国のサービスを担う地域の公的組織は、地域戦略パートナーシップで最大限の役割を担う
- 政府の資源や政策は、地域の各組織の公共サービスの質を高め、Box 2で示された、保健、犯罪、雇用、教育、住居に関する目標の達成をサポートする
- 効果的に機能する地域戦略パートナーシップによる、計画、パートナーシップおよびイニシアティブを合理化するための入念に議論された提案は、政府により積極的に検討される。パートナーシップと計画の要請に関する政府のさらなる提案は今夏に発表される予定である
- 近隣地域再生ユニット（Neighbourhood Renewal Unit）は国の戦略の実施を担い、政府省庁へ実践を働きかける
- 主要な公共サービスに対する資金は、国全体そして特に貧困地域へのサービス向上のために、大幅に増加されている
- 近隣地域再生資金（Neighbourhood Renewal Fund）は近隣地域再生を支援するための特定の新たな資金で、2001-02年度より、貧困が最も集中している地域を持つ88の地方政府に支給される。将来的には、効果的に機能する地域戦略パートナーシップの存在が、近隣地域再生資金を受け取るための条件となる
- その88の地域においては、コミュニティ・エンパワメント資金（Community Empowerment Fund）が設定され、地域戦略パートナーシップにおける、ボランタリー＆コミュニティ・セクターの活動や参画のサポートに充てられる

政府地方事務所の役割は？

15　政府地方事務所は政府とのコミュニケーションの直接的な窓口となり、以下の役割を担う：
- 地域戦略パートナーシップの発展をサポートするまとめ役（facilitator）
- 地域戦略パートナーシップに参加する公的組織間の衝突や、パートナーシップや合理化提案のための協議で生じうる問題といったものを解決する仲介役（mediator）
- 近隣地域再生資金の条件を満たしているか査定し、地域戦略パートナーシップが効果的でコミュニティの参加がなされているか評価する認定役（accreditor）

今後の動きは？

16　2001年4月より
- 近隣地域再生ユニットが起動する
- 政府地方事務所は、地域戦略パートナーシップの展開に携わる地域のパートナーを支援するとともに、近隣地域再生チームを構成し、国の戦略で定められた責任に取り組む
- 近隣地域再生資金を受け取る88の地方政府が1年目の資金を受けとる
- 地域公共サービス合意の試験運用が20の地方政府で始まり、また、130の上層地方政府（ユニタリー、メトロポリタン、カウンティ、ロンドン区の各行政単位）において、今後2年間で合意が締結される
- 政府地方事務所は、貧困地区のボランタリー＆コミュニティ・セクターが十分に地域戦略パートナーシップに参加できているかを確認し、この達成のためにコミュニティ・エンパワメント資金によって支援を行う

17　2001 年夏、政府は以下を公表する予定である
- 「歳出レビュー（Spending Review）2000 年版」において資源がどのように配分されたかをチェックする、政府各省のレビュー文書： 近隣地域再生に関する国の主要なターゲットの達成を保証するもの
- パートナーシップと各種計画の合理化の提案
- 近隣地域再生資金の取得認定のための更なる情報と、コンサルテーションのための 2002-03 年度近隣地域再生資金特別助成金報告書（NRF Special Grant Report）の草稿

18　2002 年 4 月までに
- 88 の近隣地域再生資金地域における地域戦略パートナーシップは、地域の近隣地域再生戦略を策定・合意する

コンサルテーションへの対応

19　本要旨および本ガイダンスの残りのパートは、昨年公表されたガイダンスの草稿に対する意見への返答を勘案している。特に、ガイダンスの最終版は、以下の重要なポイントを強調する：
- コミュニティの問題や優先事項の解決における、パートナーシップの成功の価値
- 信仰や黒人・少数民族コミュニティを含む地域の人々の参加の重要性
- 中央政府の、地域戦略パートナーシップへの成功に向けた支援へのコミットメント

20　コンサルテーションの成果のより詳細な報告は、別文書として公開される

「地域ガバナンスシステム・シリーズ」発行にあたって

日本は明治維新以来百余年にわたり、西欧文明の導入による近代化を目指して国家形成を進めてきました。しかし今日、近代化の強力な推進装置であった中央集権体制と官僚機構はその歴史的使命を終え、日本は新たな歴史の段階に入りつつあります。時あたかも、国と地方自治体との間の補完性を明確にし、地域社会の自己決定と自律を基礎とする地方分権一括法が世紀の変わり目の二〇〇〇年に施行されて、中央集権と官主導に代わって分権と官民協働が日本社会の基本構造になるべきことが明示されました。日本は今、新たな国家像に基づく社会の根本的な構造改革を進める時代に入ったのです。

しかしながら、百年余にわたって強力なシステムとして存在してきたガバメント（政府）に依存した社会運営を、主権者である市民と政府と企業との協働を基礎とするガバナンス（協治）による社会運営に転換させることは容易に達成できることではありません。特に国の一元的支配と行政主導の地域づくりによって二重に官依存を深めてきた地域社会においては、各部門の閉鎖性を解きほぐし協働型の地域社会システムを主体的に創造し支える地域公共人材の育成や地域社会に根ざした政策形成のための、新たなシステムの構築が決定的に遅れていることに私たちは深い危惧を抱いています。

本ブックレット・シリーズは、ガバナンス（協治）を基本とする参加・分権型地域社会の創出に寄与し得る制度を理念ならびに実践の両面から探求し確立するために、地域社会に関心を持つ幅広い読者に向けて、様々な関連情報を発信する場を提供することを目的として刊行するものです。

二〇〇五年三月

龍谷大学　地域人材・公共政策開発システム
オープン・リサーチ・センターセンター長　富野　暉一郎

地域ガバナンスシステム・シリーズ　No．5
英国における地域戦略パートナーシップへの挑戦

2008年2月18日　初版発行　　　定価（本体９００円＋税）

企　　画	龍谷大学地域人材・公共政策開発システム オープン・リサーチ・センター（ＬＯＲＣ） http://lorc.ryukoku.ac.jp
編　　者	白石　克孝
監　　訳	的場　信敬
発 行 人	武内　英晴
発 行 所	公人の友社 〒112-0002　東京都文京区小石川５―26―8 ＴＥＬ 03-3811-5701 ＦＡＸ 03-3811-5795 Ｅメール　koujin@alpha.ocn.ne.jp http://www.e-asu.com/koujin/

自治体再構築

松下圭一（法政大学名誉教授）　定価 2,800 円

- 官治・集権から自治・分権への転型期にたつ日本は、政治・経済・文化そして軍事の分権化・国際化という今日の普遍課題を解決しないかぎり、閉鎖性をもった中進国状況のまま、財政破綻、さらに「高齢化」「人口減」とあいまって、自治・分権を成熟させる開放型の先進国状況に飛躍できず、衰退していくであろう。
- この転型期における「自治体改革」としての〈自治体再構築〉をめぐる 2000 年～ 2004 年までの講演ブックレットの総集版。

1　自治体再構築の市民戦略
2　市民文化と自治体の文化戦略
3　シビル・ミニマム再考
4　分権段階の自治体計画づくり
5　転型期自治体の発想と手法

社会教育の終焉 [新版]

松下圭一（法政大学名誉教授）　定価 2,625 円

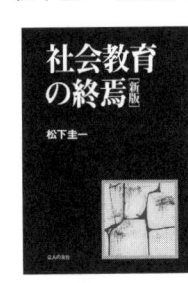

- 86 年の出版時に社会教育関係者に厳しい衝撃を与えた幻の名著の復刻・新版。
- 日本の市民には、〈市民自治〉を起点に分権化・国際化をめぐり、政治・行政、経済・財政ついで文化・理論を官治・集権型から自治・分権型への再構築をなしえるか、が今日あらためて問われている。

序章　日本型教育発想
Ⅰ　公民館をどう考えるか
Ⅱ　社会教育行政の位置
Ⅲ　社会教育行政の問題性
Ⅳ　自由な市民文化活動
終章　市民文化の形成　　あとがき　　新版付記

[新版] 自治体福祉政策　計画・法務・財務

加藤良重（法政大学兼任講師）　定価 2,730 円

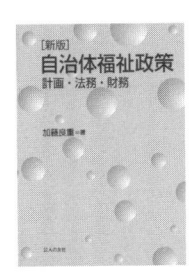

自治体の位置から出発し、福祉環境の変化を押さえて、政策の形成から実現までを自治体計画を基軸に政策法務および政策財務を車の両輪として展開した、現行政策・制度のわかりやすい解説書。

第 1 章　自治体と福祉環境の変化
第 2 章　自治体政策と福祉計画
第 3 章　自治体福祉法務
第 4 章　自治体福祉財務
第 5 章　自治体高齢者福祉政策
第 6 章　自治体子ども家庭福祉政策
第 7 章　自治体障害者福祉政策
第 8 章　自治体生活困窮者福祉政策
第 9 章　自治体健康政策

No.9 政策財務の考え方
加藤良重 1,000円

No.10 市場化テストをいかに導入するべきか ～市民と行政
竹下譲 1,000円

朝日カルチャーセンター 地方自治講座ブックレット

No.1 自治体経営と政策評価
山本清 1,000円

No.2 ガバメント・ガバナンスと行政評価システム
星野芳昭 1,000円

No.4 政策法務は地方自治の柱づくり
辻山幸宣 1,000円

No.5 政策法務がゆく
北村喜宣 1,000円

政策・法務基礎シリーズ
―東京都市町村職員研修所編

No.1 これだけは知っておきたい 自治立法の基礎
600円 [品切れ]

No.2 これだけは知っておきたい 政策法務の基礎
800円

都市政策フォーラム ブックレット
(首都大学東京・都市教養学部 都市政策コース 企画)

No.1 「新しい公共」と新たな支え合いの創造へ ―多摩市の挑戦―
首都大学東京・都市政策コース
900円

シリーズ「生存科学」
(東京農工大学生存科学研究拠点 企画・編集)

No.2 再生可能エネルギーで地域がかがやく
―地産地消型エネルギー技術―
秋澤淳・長坂研・堀尾正靱・小林久著
1,100円

No.4 地域の生存と社会的企業
―イギリスと日本とのひかくをとおして―
柏雅之・白石克孝・重藤さわ子
1,200円

No.5 地域の生存と農業知財
澁澤栄／福井隆／正林真之
1,000円

No.6 風の人・土の人
―地域の生存とNPO―
千賀裕太郎・白石克孝・柏雅之・福井隆・飯島博・曽根原久司・関原剛
1,400円

No.23 新版・2時間で学べる「介護保険」
加藤良重 800円

No.24 男女平等社会の実現と自治体の役割
山梨学院大学行政研究センター 1,200円

No.25 市民がつくる東京の環境・公害条例
市民をつくる会

No.26 東京都の「外形標準課税」はなぜ正当なのか
青木宗明・神田誠司 1,000円

No.27 少子高齢化社会における福祉のあり方
山梨学院大学行政研究センター 1,200円

No.28 財政再建団体
橋本行史 1,000円 [品切れ]

No.29 交付税の解体と再編成
高寄昇三 1,000円

No.30 町村議会の活性化
山梨学院大学行政研究センター 1,200円

No.31 地方分権と法定外税
外川伸一 800円

No.32 東京都銀行税判決と課税自主権
高寄昇三 1,000円

No.33 都市型社会と防衛論争
松下圭一 900円

No.34 中心市街地の活性化に向けて
山梨学院大学行政研究センター 1,200円

No.35 自治体企業会計導入の戦略
高寄昇三 1,100円

No.36 行政基本条例の理論と実際
神原勝・佐藤克廣・辻道雅宣 1,100円

No.37 市民文化と自治体文化戦略
松下圭一 800円

No.38 まちづくりの新たな潮流
山梨学院大学行政研究センター 1,200円

No.39 ディスカッション・三重の改革
中村征之・大森彌 1,200円

No.40 政務調査費
宮沢昭夫 1,200円

No.41 市民自治の制度開発の課題
山梨学院大学行政研究センター 1,100円

No.42 分権改革と政治改革
橋本行史 1,200円

No.43 《改訂版》自治体破たん・「夕張ショック」の本質
西尾勝 1,200円

No.44 自治体人材育成の着眼点
浦野秀一・井澤壽美子・野田邦弘・西村浩・三関浩司・杉谷知也・坂口正治・田中富雄 1,200円

No.45 障害年金と人権
—代替的紛争解決制度と大学・専門集団の役割—
橋本宏子・森田明・湯浅和恵・池原毅和・青木久馬・澤静子・佐々木久美子 1,400円

TAJIMI CITY ブックレット

No.2 転型期の自治体計画づくり
松下圭一 1,000円

No.3 これからの行政活動と財政
西尾勝 1,000円

No.4 構造改革時代の手続的公正と第2次分権改革
手続的公正の心理学から
鈴木庸夫 1,000円

No.5 自治基本条例はなぜ必要か
辻山幸宣 1,000円 [品切れ]

No.6 自治のかたち法務のすがた
政策法務の構造と考え方
天野巡一 1,100円

No.7 自治体再構築における行政組織と職員の将来像
今井照 1,100円

No.8 持続可能な地域社会のデザイン
植田和弘 1,000円

No.102 道州制の論点と北海道
佐藤克廣 1,000円

No.103 自治体基本条例の理論と方法
神原勝 1,100円

No.104 働き方で地域を変える
～フィンランド福祉国家の取り組み
山田眞知子 800円

《平成17年度》

No.107 公共をめぐる攻防
～市民的公共性を考える
樽見弘紀 600円

No.108 三位一体改革と自治体財政
岡本全勝・山本邦彦・北良治・逢坂誠二・川村喜芳 1,000円

No.109 連合自治の可能性を求めて
サマーセミナーin奈井江
松岡市郎・堀則文・三本英司・佐藤克廣・砂川敏文・北良治 他 1,000円

No.110 「市町村合併」の次は「道州制」か
高橋彦芳・北良治・脇紀美夫・碓井直樹・森啓 1,000円

No.111 コミュニティビジネスと建設帰農
松本懋・佐藤吉彦・橋場利夫・山北博明・飯島政一・神原勝 1,000円

《平成18年度》

No.112 「小さな政府」論とはなにか
牧野富夫 700円

No.113 栗山町発・議会基本条例
橋場利勝・神原勝 1,200円

No.114 北海道の先進事例に学ぶ
宮谷内留雄・安斎保・見野全・佐藤克廣・神原勝 1,000円

No.115 地方分権改革のみちすじ
―自由度の拡大と所掌事務の拡大―
西尾勝 1,200円

地方自治ジャーナルブックレット

No.2 政策課題研究の研修マニュアル
首都圏政策研究・研修研究会 1,359円〔品切れ〕

No.3 使い捨ての熱帯林
熱帯雨林保護法律家リーグ 971円

No.4 自治体職員世直し志士論
村瀬誠 971円

No.5 行政と企業は文化支援で何ができるか
日本文化行政研究会 1,166円

No.7 パブリックアート入門
竹田直樹 1,166円〔品切れ〕

No.8 市民的公共と自治
今井照 1,166円〔品切れ〕

No.9 ボランティアを始める前に
佐野章二 777円

No.10 自治体職員の能力
自治体職員能力研究会 971円

No.11 パブリックアートは幸せか
山岡義典 1,166円

No.12 市民がになう自治体公務
パートタイム公務員論研究会 1,359円

No.13 行政改革を考える
山梨学院大学行政研究センター 1,166円

No.14 上流文化圏からの挑戦
山梨学院大学行政研究センター 1,166円

No.15 市民自治と直接民主制
高寄昇三 951円

No.16 議会と議員立法
上田章・五十嵐敬喜 1,600円

No.17 分権段階の自治体と政策法務
松下圭一他 1,456円

No.18 地方分権と補助金改革
高寄昇三 1,200円

No.19 分権化時代の広域行政
山梨学院大学行政研究センター 1,200円

No.20 あなたのまちの学級編成と地方分権
田嶋義介 1,200円

No.21 自治体も倒産する
加藤良重 1,000円

No.22 ボランティア活動の進展と自治体の役割
山梨学院大学行政研究センター 1,200円

No.57 自治体職員の意識改革を如何にして進めるか
林嘉男 1,000円 [品切れ]

《平成12年度》

No.59 環境自治体とISO
畠山武道 700円

No.60 転型期自治体の発想と手法
松下圭一 900円

No.61 分権の可能性 スコットランドと北海道
山口二郎 600円

No.62 機能重視型政策の分析過程と財務情報
宮脇淳 800円

No.63 自治体の広域連携
佐藤克廣 900円

No.64 分権時代における地域経営
見野全 700円

No.65 町村合併は住民自治の区域の変更である。
森啓 800円

No.66 自治体学のすすめ
田村明 900円

No.67 市民・行政・議会のパートナーシップを目指して
松山哲男 700円

No.69 新地方自治法と自治体の自立
井川博 900円

No.70 分権型社会の地方財政
神野直彦 1,000円

No.71 自然と共生した町づくり
宮崎県・綾町 700円
森山喜代香

No.72 情報共有と自治体改革 ニセコ町からの報告
片山健也 1,000円

《平成13年度》

No.73 地域民主主義の活性化と自治体改革
山口二郎 600円

No.74 分権は市民への権限委譲
上原公子 1,000円

No.75 今、なぜ合併か
瀬戸亀男 800円

No.76 市町村合併をめぐる状況分析
小西砂千夫 800円

No.78 ポスト公共事業社会と自治体政策
五十嵐敬喜 800円

No.80 自治体人事政策の改革
森啓 800円

《平成14年度》

No.82 地域通貨と地域自治
西部忠 900円

No.83 北海道経済の戦略と戦術
宮脇淳 800円

No.84 地域おこしを考える視点
矢作弘 700円

No.87 北海道行政基本条例論
神原勝 1,100円

No.90 「協働」の思想と体制
森啓 800円

No.91 協働のまちづくり 三鷹市の様々な取組みから
秋元政三 700円

《平成15年度》

No.92 シビル・ミニマム再考 ベンチマークとマニフェスト
松下圭一 900円

No.93 市町村合併の財政論
高木健二 800円

No.95 市町村行政改革の方向性 ～ガバナンスとNPMのあいだ
佐藤克廣 800円

No.96 創造都市と日本社会の再生
佐々木雅幸 800円

No.97 地方政治の活性化と地域政策
山口二郎 800円

No.98 多治見市の政策策定と政策実行
西寺雅也 800円

No.99 自治体の政策形成力
森啓 700円

《平成16年度》

No.100 自治体再構築の市民戦略
松下圭一 900円

No.101 維持可能な社会と自治 ～『公害』から『地球環境』へ
宮本憲一 900円

No.18 行政の文化化 森啓 [品切れ]
No.19 政策法学と条例 阿倍泰隆 [品切れ]
No.20 政策法務と自治体 岡田行雄 [品切れ]
No.21 分権時代の自治体経営 北良治・佐藤克廣・大久保尚孝 [品切れ]
No.22 地方分権推進委員会勧告とこれからの地方自治 西尾勝 500円
No.23 産業廃棄物と法 畠山武道 [品切れ]
No.25 自治体の施策原価と事業別予算 小口進一 600円
No.26 地方分権と地方財政 横山純一 [品切れ]

《平成10年度》

No.27 比較してみる地方自治 田口晃・山口二郎 [品切れ]
No.28 議会改革とまちづくり 森啓 400円
No.29 自治の課題とこれから 逢坂誠二 [品切れ]
No.30 内発的発展による地域産業の振興 保母武彦 [品切れ]
No.31 地域の産業をどう育てるか 金井一頼 600円
No.32 金融改革と地方自治体 宮脇淳 600円
No.33 ローカルデモクラシーの統治能力 山口二郎 400円
No.34 政策立案過程への「戦略計画」手法の導入 佐藤克廣 [品切れ]
No.35 98サマーセミナーから「変革の時」の自治を考える [品切れ]
No.36 地方自治のシステム改革 辻山幸宣 [品切れ]
No.37 分権時代の政策法務 礒崎初仁 [品切れ]

《平成11年度》

No.38 地方分権と法解釈の自治 兼子仁 [品切れ]
No.39 市民的自治思想の基礎 今井弘道 500円
No.40 自治基本条例への展望 辻道雅宣 [品切れ]
No.41 少子高齢社会と自治体の福祉法務 加藤良重 400円
No.42 改革の主体は現場にあり 山田孝夫 900円
No.43 自治と分権の政治学 鳴海正泰 1,100円
No.44 公共政策と住民参加 宮本憲一 1,100円
No.45 農業を基軸としたまちづくり 小林康雄 800円
No.46 これからの北海道農業とまちづくり 篠田久雄 800円
No.47 自治の中に自治を求めて 佐藤守 1,000円
No.48 介護保険は何を変えるのか 池田省三 1,100円
No.49 介護保険と広域連合 大西幸雄 1,000円
No.50 自治体職員の政策水準 森啓 1,100円
No.51 分権型社会と条例づくり 篠原一 1,000円
No.52 自治体における政策評価の課題 佐藤克廣 1,000円
No.53 小さな町の議員と自治体 室崎正之 900円
No.54 地方自治を実現するために法が果たすべきこと 木佐茂男 [未刊]
No.55 改正地方自治法とアカウンタビリティ 鈴木庸夫 1,200円
No.56 財政運営と公会計制度 宮脇淳 1,100円

地域ガバナンスシステム・パートナーシップシリーズ
(龍谷大学地域人材・公共政策開発システム オープン・リサーチ・センター企画・編集)

No.1 地域人材を育てる自治体研修改革
土山希美枝　900円

No.2 公共政策教育と認証評価システム—日米の現状と課題—
坂本勝　編著　1,100円

No.3 暮らしに根ざした心地良いまち
野呂昭彦・逢坂誠二・関原剛・吉本哲郎・白石克孝・堀尾正靫　1,100円

No.4 持続可能な都市自治体づくりのためのガイドブック
「オルボー憲章」「オルボー誓約」翻訳所収
白石克孝・イクレイ日本事務所編　1,100円

No.5 英国における地域戦略パートナーシップの挑戦
白石克孝編・的場信敬監訳　900円

No.6 マーケットと地域をつなぐパートナーシップ
—協会という連帯のしくみ
白石克孝編・園田正彦著　1,000円

No.8 財政縮小時代の人材戦略
多治見モデル
大矢野修編著　1,400円

No.10 行政学修士教育と人材育成
—米中の現状と課題—
坂本勝著　1,100円

北海道自治研ブックレット

No.1 市民・自治体・政治
再論・人間型としての市民
松下圭一　1,200円

地方自治土曜講座ブックレット

《平成7年度》

No.1 現代自治の条件と課題
神原勝　[品切れ]

No.2 自治体の政策研究
森啓　600円

No.3 現代政治と地方分権
山口二郎　[品切れ]

No.4 行政手続と市民参加
畠山武道　[品切れ]

No.5 成熟型社会の地方自治像
間島正秀　[品切れ]

No.6 自治体法務とは何か
木佐茂男　[品切れ]

No.7 自治と参加アメリカの事例から
佐藤克廣　[品切れ]

No.8 政策開発の現場から
小林勝彦・大石和也・川村喜芳　[品切れ]

《平成8年度》

No.9 まちづくり・国づくり
五十嵐広三・西尾六七　[品切れ]

No.10 自治体デモクラシーと政策形成
山口二郎　[品切れ]

No.11 自治体理論とは何か
森啓　[品切れ]

No.12 池田サマーセミナーから
間島正秀・福士明・田口晃　[品切れ]

No.13 憲法と地方自治
中村睦男・佐藤克廣　[品切れ]

No.14 まちづくりの現場から
斎藤外一・宮嶋望　[品切れ]

No.15 環境問題と当事者
畠山武道・相内俊一　[品切れ]

No.16 情報化時代とまちづくり
千葉純・笹谷幸一　[品切れ]

No.17 市民自治の制度開発
神原勝　[品切れ]

《平成9年度》

「官治・集権」から
「自治・分権」へ

市民・自治体職員・研究者のための
自治・分権テキスト

《出版図書目録》

公人の友社

112-0002　東京都文京区小石川 5 － 26 － 8
TEL　03-3811-5701
FAX　03-3811-5795
メールアドレス　koujin@alpha.ocn.ne.jp

● ご注文はお近くの書店へ
　小社の本は店頭にない場合でも、注文すると取り寄せてくれます。
　書店さんに「公人の友社の『〇〇〇〇』をとりよせてください」とお申し込み下さい。5 日おそくとも 10 日以内にお手元に届きます。
● 直接ご注文の場合は
　電話・ＦＡＸ・メールでお申し込み下さい。（送料は実費）
　　TEL　03-3811-5701　FAX　03-3811-5795
　　メールアドレス　koujin@alpha.ocn.ne.jp

（価格は、本体表示、消費税別）